The Open University

Education and Language Studies: level 1

P O R T A L E S

6

Unidad 1   A tu ritmo

Unidad 2   Ida y vuelta

D1335666

This publication forms part of the Open University course L194/LZX194 *Portales: beginners' Spanish.* Details of this and other Open University courses can be obtained from the Course Information and Advice Centre, PO Box 724, The Open University, Milton Keynes MK7 6ZS, United Kingdom: tel. +44 (0)1908 653231, e-mail general-enquiries@open.ac.uk

Alternatively, you may visit the Open University website at http://www.open.ac.uk where you can learn more about the wide range of courses and packs offered at all levels by The Open University.

To purchase a selection of Open University course materials visit the webshop at www.ouw.co.uk, or contact Open University Worldwide, Michael Young Building, Walton Hall, Milton Keynes MK7 6AA, United Kingdom for a brochure, tel. +44 (0)1908 858785; fax +44 (0)1908 858787; e-mail ouwenq@open.ac.uk

The Open University
Walton Hall, Milton Keynes
MK7 6AA

First published 2003.

Edited, designed and typeset by The Open University.

Printed and bound in the United Kingdom by CPI, Bath.

ISBN 0 7492 6535 3

1.3

Contents

Course team list

Course team

Inma Álvarez Puente (academic)

Michael Britton (editor)

Concha Furnborough (academic)

María Iturri Franco (course chair/academic/ co-author of Book 6)

Enilce Northcote-Rojas (secretary)

Martha Lucía Quintero Gamboa (secretary)

Cristina Ros i Solé (course chair/academic)

Fernando Rosell Aguilar (academic)

Malihe Sanatian (course manager)

Sean Scrivener (editor)

Mike Truman (academic)

Olwyn Williams (administrator)

Production team

Ann Carter (print buying controller)

Jonathan Davies (design group co-ordinator)

Janis Gilbert (graphic artist)

Pam Higgins (designer)

Tara Marshall (print buying co-ordinator)

Jon Owen (graphic artist)

Deana Plummer (picture researcher)

Natalia Wilson (production administrator)

BBC production

William Moult (audio producer)

Consultant authors

Elvira Sancho Insenser (Book 6)

Rosa Calbet Bonet

Manuel Frutos Pérez

Concha Furnborough

Peter Furnborough

Consuelo Rivera Fuentes

Gloria Gutiérrez Almarza (*Espejo cultural*)

Alicia Peña Calvo (*Espejo cultural*)

Contributors

Lina Adinolfi

Anna Comas-Quinn

Sue Hewer

Ricard Huerta

Gabriela Larson Briceño

Raquel Mardomingo Rodríguez

Carol Styles Carvajal

Roger Zanni (cartoons)

Critical readers

Joan-Tomàs Pujolà

Gloria Gutiérrez Almarza

External assessor

Salvador Estébanez Eraso, Instituto Cervantes.

Special thanks

The course team would like to thank everyone who contributed to *Portales*. Special thanks go to Uwe Baumann, Hélène Mulphin and Christine Pleines, to Ali Wyllie for her pictures of Ecuador, and to all those who took part in the audio recordings and music.

1

A tu ritmo

This is the last month Patricio and Isabel are spending in Valencia and Chile, so they are making the most of the time they have left. Patricio visits a classic example of 1930s architecture in Valencia and learns more about the Spanish electoral system and national health system. Isabel is keen to improve her dancing skills before returning to Spain and also decides to visit the beautiful country of Ecuador.

Through these topics you will learn to understand and give instructions, talk about health issues and make plans for the future.

OVERVIEW: A TU RITMO

Session	Language points	Vocabulary
1 ¿Se puede mirar?	• Talking about what is and isn't allowed • Asking for permission using ¿*Puedo* + infinitive...?	Parts of a university college and common activities: *la sala de ordenadores, el laboratorio de fotografías, poner música,* etc.
2 Un pasito adelante, Isabel	• Giving instructions • The imperative (*tú* and *vosotros* forms)	Parts of the body: *la pierna, el brazo, la cadera,* etc.
3 El Rastro	• Sequencing the stages of a process (revision) • Checking that you are following an explanation	Antiques and machines: *la máquina de escribir, el reloj de pared, la tapa,* etc.
4 Abróchense los cinturones	• Giving instructions • The imperative (*usted* and *ustedes* forms)	House maintenance: *bajar la basura, cortar el agua, cerrar con llave,* etc.
5 Promesas electorales	• Talking about the future • The future tense (regular verbs)	Politics: *diputado, votar, las elecciones,* etc.
6 En la consulta del médico	• Asking and responding to questions about health	Illnesses and health conditions: *la tos, la fiebre, el dolor de cabeza,* etc.
7 Farmacia de guardia	• Expressing frequency (revision) • Asking for different remedies	Medicines and remedies: *la pastilla, las gotas, el jarabe,* etc.
8 ¿Cómo será el futuro?	• The future tense (irregular verbs) • Expressions of future time (revision)	Current affairs: *el fundamentalismo, la sociedad, el ocio,* etc.
9 Repaso	Revision	
10 ¡A prueba!	Test yourself	

Cultural information	Language learning tips
University accommodation in Spain.	
Latin American musical traditions. The origins of *salsa* music.	
Second-hand markets in Spain.	Checking that you understand an explanation correctly.
Information about Ecuador.	Selecting the right meaning of a word in a dictionary entry.
The Spanish electoral system.	
The public health system in Spain.	
Chemists in Spain.	Spelling and pronunciation of /r/ and /rr/.
	Learning verbs in pairs of opposites.

Sesión 1
¿Se puede mirar?

Patricio is still searching for inspiring designs for his school project in Chile. In this session he visits the Colegio Mayor Lluís Vives, a university college in Valencia built in the 1930s.

Key learning points

- Talking about what is or isn't allowed
- Asking for permission using *¿Puedo* + infinitive...?

Actividad 1.1

Here is some information Patricio has found on the Web about the Colegio Mayor Lluís Vives. The college is an example of the Rationalist school of architecture. Read the questions about it and find the answers in the text.

Lea las preguntas y encuentre las respuestas en el texto.

ciudad
universitaria
(la)
campus

El Colegio Mayor Lluís Vives está situado en plena ciudad universitaria de Valencia. El edificio pertenece al Patrimonio Histórico-Artístico de Valencia. Está construido según los planos del arquitecto Javier Goerlich (1935).

Este colegio fue el primer colegio mayor mixto de España y tiene capacidad para 166 estudiantes. Permanece abierto durante todo el año. Dispone de una amplia gama de servicios: biblioteca, auditorio, salón de actos, salas de TV/vídeo, sala de ordenadores, laboratorio de fotografía, estudio de bellas artes, cafetería, gimnasio...

mixto
mixed

una amplia
gama
a wide range

(Adaptado de http://www.uv.es/~llvives/paseo) [last accessed 2/2/2004]

(a) ¿Dónde está el Colegio?

(b) ¿De qué arquitecto es?

(c) ¿Qué actividades pueden hacer los estudiantes en el colegio? Escriba tres.

Ejemplo

Consultar libros en la biblioteca.

LA ARQUITECTURA RACIONALISTA

Es un estilo funcional, simple y utilitario. La escuela de arte Bauhaus en Alemania difundió estos principios en el primer tercio del siglo XX. En España, el arquitecto Mies van der Rohe (1886–1969) construyó el Pabellón Alemán en este estilo, en la Exposición Universal de Barcelona de 1929. Entre otros ejemplos de arquitectura racionalista en España está el Aeropuerto de Barajas (1930) en Madrid, del arquitecto Luis Gutiérrez Soto. Otro exponente del racionalismo europeo, Le Corbusier (1887–1965), dio en 1928 sus primeras conferencias en la famosa Residencia de Estudiantes en Madrid, donde estuvieron Luis Buñuel, Salvador Dalí y Federico García Lorca.

Edificio de apartamentos de estilo racionalista en Valencia

Actividad 1.2 🎧

Patricio is interested in the design of the Colegio Mayor Lluís Vives and decides to visit the building. While he is in the library, he overhears a young student asking questions.

TALKING ABOUT WHAT IS OR ISN'T ALLOWED

To talk about what is allowed or is forbidden, you can use either '¿se puede + infinitive?':

    ¿Se puede comer?   (Are you / Is one allowed to eat here?)

    Aquí no se puede comer.   (Eating is not allowed here.)

    Sí, claro, se puede comer.   (Yes, of course you can eat here.)

or 'está permitido / está prohibido + infinitive':

    Está permitido tocar.   (You are allowed to touch it.)

    Está prohibido fumar.   (Smoking is forbidden.)

> **Español de bolsillo** 🎧 (Pista 27)
>
> Perdone, ¿se puede fumar?   Excuse me, is smoking allowed?
>
> No, está prohibido.   No, it's forbidden.
>
> Oiga, ¿se pueden sacar fotos?   Excuse me, is it alright to take pictures?
>
> Sí, por supuesto.   Yes, of course.

1   Listen to *Pista 2* and choose which verb (or phrase) of each pair below is mentioned in each mini-dialogue (a) – (e).

   Escuche y elija.

   (a) mirar   ❑   fumar   ❑

   (b) comer   ❑   correr   ❑

   (c) tomar algo   ❑   tocar   ❑

   (d) sacar fotos   ❑   sacar libros   ❑

   (e) admirar   ❑   mirar   ❑

¡hombre!
(here: an expression of surprise and amusement)

2   Listen to *Pista 2* again, this time concentrating on the answers. Write down what you **are** allowed to do in the library.

   Escuche y escriba.

   Ejemplo

   tocar

3   Now write sentences about what is and what is not allowed in the library.

Ahora escriba frases.

> **Ejemplo**
>
> No se puede fumar. Está prohibido fumar.

Actividad 1.3

Now for some practice in asking whether things are allowed.

1   For each of the actions below write a question asking if it is allowed.

Escriba preguntas.

> **Ejemplo**
>
> Llamar por teléfono.
>
> ¿Se puede llamar por teléfono?

(a) recibir llamadas telefónicas

(b) recibir visitas

(c) poner música

(d) cocinar

(e) tener perros

2   Listen to *Pista 3* and do the exercise.

Escuche y pregunte.

Actividad 1.4

Here you will practise asking for permission to do things, using '*¿puedo +* infinitive...?'

1   Imagine you are sharing a room in a university hall of residence with someone else. For each thought bubble below, use *'¿puedo + infinitive...?'* to ask your roommate for permission.

Pida permiso a su compañero de habitación.

Ejemplo

Hace mucho calor.

¿Puedo abrir la ventana?

(a)

La habitación está muy oscura.

(b)

La música está muy alta.

(c)

Mi móvil no funciona.

(d)

Quiero cambiar la mesa de sitio.

(e)

La puerta está abierta y hay mucho ruido fuera.

Residencia universitaria Santa Ana, Sevilla

EL ALOJAMIENTO UNIVERSITARIO EN ESPAÑA

En España normalmente los jóvenes estudian en la universidad que está más cerca de sus casas y, si es posible, viven con sus padres. Los estudiantes que vienen de fuera pueden alojarse en colegios mayores, residencias universitarias o pisos compartidos.

Los colegios mayores son centros universitarios integrados en la universidad. Ofrecen alojamiento y fomentan la educación científica y humanista de los estudiantes. Las residencias universitarias son establecimientos privados y, en general, su prioridad es ofrecer alojamiento a los estudiantes.

2   Listen to *Pista 4* and do the exercise, which is about asking permission.

Escuche y pida permiso.

Actividad 1.5 _____

You are sharing a flat with three other students, and you are in charge of drawing up a set of house rules for you all. Write a list of what is allowed and what is not, using the words in the box. You can be as imaginative and humorous as you wish.

Escriba una nota.

You can start like this:

Reglas de convivencia de la casa: Está prohibido estar enfadado. …

estar enfadado • reír • llorar • hacer fiestas • invitar amigos • cocinar • estar de mal humor • poner música alta • ver la televisión • hablar en inglés

estar de mal
humor
*to be in a bad
mood*

Léxico básico

auditorio (el)	*auditorium*
bajar la radio	*to turn down the radio*
correr	*to run*
estudio de bellas artes (el)	*(art) studio*
fumar	*to smoke*
gama (la)	*range*
laboratorio de fotografías (el)	*photographic laboratory*
llamada teléfonica (la)	*telephone call*
llorar	*to cry*
estar de mal humor	*to be in a bad mood*
mirar	*to look at*
pasar al cuarto de baño	*to go to the bathroom*
poner música alta	*to play loud music*
recibir visitas	*to have visitors*
sacar fotos	*to take photographs*
tocar	*to touch*

Sesión 2

Un pasito adelante, Isabel

During her stay in Chile, Isabel has become fascinated by the richness of Latin American music. In this session you will find out about a variety of musical traditions of the Spanish-speaking world, and you will go to a *salsa* class with Isabel!

Key learning point

- Giving instructions
- The imperative (*tú* and *vosotros* forms)

Actividad 2.1 🎧

Let's start with a glance at three of the best-known musical traditions of Spain and Latin America.

1 Match each picture with the name of the dance you associate it with.

Enlace los dibujos con los bailes.

(a) Salsa   (b) Flamenco   (c) Tango

(i)

(ii)

(iii)

2   Listen to *Pista 5,* in which two friends of Isabel's are listening to and talking about music from the Spanish-speaking world. Can you identify the three kinds of music (a) – (c) and their countries of origin?

Escuche el diálogo.

TRADICIONES MUSICALES LATINOAMERICANAS

provienen de
come from

La mayoría de los géneros musicales latinoamericanos mundialmente conocidos provienen del Caribe y de la costa Atlántica de Colombia: de Cuba el son, el danzón, el mambo, el bolero, la conga, la salsa, las habaneras, la rumba; de Colombia la cumbia, el porro, el vallenato; de la República Dominicana el merengue... Estos géneros son esencialmente la síntesis de tres orígenes étnicos: el africano (en el ritmo y el uso de la percusión), el español (en los bailes, los instrumentos de cuerda como la guitarra, y en la línea melódica) y el aborigen. En la cumbia, el género musical más representativo de Colombia, se ven claramente estos tres orígenes: tiene la estructura rítmica y el uso de tambores africanos, usa flautas y melodías indígenas, y mantiene la tradición española en las variaciones melódicas y los trajes utilizados en el baile.

Actividad 2.2

Isabel has picked up a leaflet about a *salsa* class in the area of Santiago she is staying in.

pasos (los)
steps
vueltas (las)
spins
lleva la iniciativa
leads
dejarse llevar
to be led

1   Look at the vocabulary shown in the drawing opposite. Then go through the leaflet extract below and underline the words for the parts of the body that are mentioned. The first has been done for you.

Mire el dibujo y subraye las palabras.

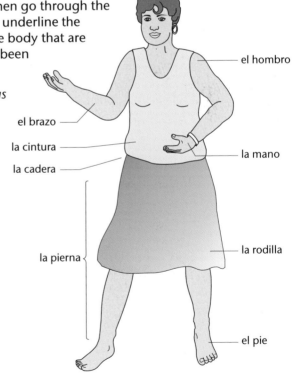

la cabeza
el hombro
el brazo
la cintura
la mano
la cadera
la pierna
la rodilla
el pie

La salsa es uno de los bailes más divertidos y sensuales. Es un baile muy variado donde siempre se puede improvisar. En la salsa hay ocho pasos principales y más de 100 tipos de vueltas. Se baila moviendo los hombros, los brazos, las caderas, las piernas y los pies... moviendo todo el cuerpo al ritmo de la música. Se baila en pareja pero el chico lleva la iniciativa del paso: debe estar seguro y ¡la chica debe dejarse llevar!

2 Choose the correct option to complete the following sentences. Read the text from step 1 again to check your choices (and then the *Clave*).

Complete, compruebe y corrija si es necesario.

(a) La salsa es un baile...

(i) rígidamente estructurado   (ii) que permite la improvisación

(b) En la salsa se baila moviendo...

(i) pies y brazos   (ii) todo el cuerpo

(c) En la salsa...

(i) el chico decide el paso   (ii) la chica decide el paso

SALSA

'Salsa' es un término creado en Nueva York en los años 70. Representa una variedad de estilos de música de origen afrocaribeño interpretados y comercializados en Estados Unidos y Puerto Rico.

Después de la revolución cubana (1959), muchos exiliados cubanos llevaron su música a Estados Unidos (son, mambo, chachachá, guaracha, etc.). El mercado discográfico americano se interesó por estos ritmos bailables y los comercializó. Esta mezcla de estilos y ritmos musicales recibió el nombre de 'salsa' ('*sauce*').

Actividad 2.3

Isabel goes to a *salsa* class with two friends. In this activity you will learn to give instructions informally.

1 Here is a set of sketches Isabel has made while watching a beginners' *salsa* class. Choose the appropriate option to describe each drawing; there is a sensible option and a 'subversive' one.

Elija el verbo apropiado.

Ejemplo

(a) – (i)

(a)

(i) mirar a tu pareja

(ii) pisar a tu pareja

(b)

  (i) besar el hombro del chico

  (ii) poner la mano en el hombro del chico

(c)

  (i) tomar la mano de la chica

  (ii) comer la mano de la chica

(d)

  (i) dar un paso adelante

  (ii) dar un beso

(e)

  (i) mover las caderas

  (ii) mover las orejas

(f)

  (i) dar un grito

  (ii) dar una vuelta

adelante
forwards

hacia atrás
backwards

2 Isabel and her two friends are in the *salsa* class. Listen to *Pista 6* and mark which of the illustrations (a) – (f) above are mentioned by the teacher. *Marque los dibujos.*

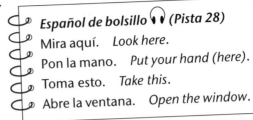

Español de bolsillo 🎧 (*Pista 28*)

Mira aquí.   *Look here.*

Pon la mano.   *Put your hand (here).*

Toma esto.   *Take this.*

Abre la ventana.   *Open the window.*

THE IMPERATIVE (*TÚ* AND *VOSOTROS* FORMS)

Tú form

When giving instructions or making requests to someone you would normally address using the *tú* form, the *tú* form of the imperative is used:

> María, **toma** esto.   (María, take this.)
>
> Juan, **mira** aquí.   (Juan, look this way.)

The *tú* form of the imperative has the same form as the third person singular of the present tense. Here are some more examples:

> **Habla** más alto.   (Speak louder.)
>
> **Bebe** agua.   (Drink water.)

This rule applies to regular verbs and radical changing verbs:

> **Mueve** las caderas.   (Move your hips.)

A number of common irregular verbs, such as *poner, venir, hacer, tener, decir* and *ir,* do not follow this rule:

> **Pon** el libro en la mesa.
>
> **Haz** tus deberes.

Vosotros form

When giving instructions or making requests to several people you would normally address using the *vosotros* form, the *vosotros* form of the imperative is used. This is formed by replacing the -*r* of the infinitive with a -*d*:

> Niños, **comed** más despacio.
> (Eat more slowly, children.)

IMPERATIVE (tú)

REGULAR VERBS

Infinitive	Imperative
hablar	habla
beber	bebe
escribir	escribe

RADICAL CHANGING VERBS

Infinitive	Imperative
cerrar	cierra
mover	mueve

IRREGULAR VERBS

Infinitive	Imperative
poner	pon
venir	ven
hacer	haz
tener	ten
decir	di
ir	ve

3   Write two sets of instructions for a *salsa* dancer by transforming the infinitives in step 1 into the *tú* form of the imperative. Write the correct set of instructions, using the correct options from step 1; then write a set of 'subversive' instructions using the remaining options from step 1.

Ahora escriba las instrucciones usando el imperativo.

Correct instructions	'Subversive' instructions
Mira a tu pareja.	Pisa a tu pareja.
...	...

4   Listen to *Pista 6* again and repeat the instructions of the teacher as you hear them.

Escuche de nuevo y repita las instrucciones.

Actividad 2.4 🎧

After all that exercise, you could do with some relaxation!

1   Complete these instructions by transforming the infinitives in brackets into the *tú* imperative form.

Complete estas instrucciones.

Ejemplo

Haz (hacer) este ejercicio todas las noches, antes de dormir:

Primero (a) _____ (cerrar) los ojos y (b) _____ (poner) tensión en los hombros. (c) _____ (contar) hasta cinco e (d) _____ (inspirar) por la nariz. Luego, (e) _____ (espirar) y (f) _____ (relajar) los hombros. (g) _____ (repetir) este ejercicio con los brazos, manos, estómago, piernas y pies.

levanta
raise, lift

baja
lower

respira
breathe

2   Listen to *Pista 7,* where you will practise a similar relaxation exercise with a friend.

Escuche y practique.

Léxico básico

baile (el)	*dance*	inspirar	*to breathe in*
bajar los brazos	*to lower one's arms*	levantar	*to raise, lift*
cadera (la)	*waist*	paso (el)	*step (movement)*
dar un beso	*to give a kiss, to kiss*	relajar	*relax*
dar un paso	*to take a step*	respira hondo	*take a deep breath*
dar una vuelta	*to spin, do a spin*	tensionar	*to tense*
espirar	*to breathe out*	tomar la mano	*to take (sb's) hand*

Sesión 3
El Rastro

In this session you are going to visit a famous flea-market in Madrid, El Rastro.

Key learning points
- Sequencing the stages of a process (revision)
- Checking that you are following an explanation

Actividad 3.1 🎧

Here you will look into the world of antiques and second-hand objects.

1   Here are some objects you can find in a flea-market. Look at them and answer the questions below, in Spanish.

Observe los dibujos y conteste las preguntas.

Un tocadiscos

Una máquina de coser

Un reloj de pie

Una máquina de fotos

Una máquina de escribir

(a) ¿Ha visto alguno de estos objetos en alguna casa?

(b) ¿Para qué sirve cada objeto?

(c) En su opinión, ¿cuál es el objeto más útil?

2　Now listen to *Pista 8* and do the exercise.

Escuche y haga el ejercicio.

MERCADOS DE OBJETOS ANTIGUOS Y DE SEGUNDA MANO

En España los mercados de objetos antiguos y de segunda mano, como el famoso Rastro de Madrid, suelen ser los domingos por la mañana y son muy populares. Por lo general los objetos no tienen un precio fijo. El cliente siempre pide un precio más barato y al final vendedor y cliente llegan a un acuerdo. Sin embargo, la idea de comprar artículos como ropa, cosas de bebés, electrodomésticos, etc., usados o de segunda mano no está muy extendida en España. La gente prefiere comprar estos artículos nuevos y en tiendas.

Para mucha gente ir a estos mercados los domingos por la mañana es parte de un rito social: llegan al mercado sobre las 12, pasean por allí, se encuentran con amigos, van a tomar cerveza y tapas en los bares de la zona y luego vuelven a casa a comer.

Actividad 3.2

Now you will find out how one of those old objects works.

¿Puedo probarlo? Can I try it out? / Can I have a go?

1　Listen to *Pista 9,* in which two friends are talking about an object, and choose the correct option to answer the following questions. For now, just focus your listening on the two questions, (a) and (b); you will do more detailed work on the extract in the next step.

Escuche y elija.

(a)　¿De qué objeto hablan?

    (i)　una cámara de fotos　(ii)　un tocadiscos　(iii)　una máquina de escribir

(b)　¿Cómo funciona el objeto?

pilas (las) batteries

    (i)　con electricidad　(ii)　con pilas　(iii)　manualmente

2　The drawings below are in the wrong order. Work out the correct logical sequence, then listen to *Pista 9* again to check your answers.

Ordene los dibujos, escuche y compruebe.

(a)　(b)　(c)　(d)

3   Write a note to a friend explaining how the record player works, using the correct sequence of diagrams from step 2. Use the *tú* form of the imperative for the verbs and use the expressions in the box below to sequence the instructions.

Escriba una nota a un amigo / una amiga.

primero	para empezar	
luego	después	entonces
por último	para terminar	

Actividad 3.3 🎧

Now someone will explain to you how to put a film in an old camera.

CHECKING THAT YOU ARE FOLLOWING AN EXPLANATION

Instructions or explanations about how something works can be long and complicated. As a listener, you can break up the explanation by interrupting to check that you have understood correctly:

tapa (la)
lid

- Primero tienes que abrir la tapa... (*First you have to open the lid...*)
- O sea, abro esta tapa, ¿no? (*So, I open this lid?*)

carrete (el)
film

- Pues ahora mete el carrete. (*Now put the film in.*)
- Es decir, meto el carrete, ¿no? (*OK, so I put the film in.*)

Expressions like *o sea* and *es decir* 'reformulate' what has been said to you. Tag questions like ¿*no*? or ¿*cierto*? ask for confirmation that you are on the right track. These are used a lot in Spanish.

Listen to *Pista 10* and do the exercise, which practises using '*o sea*'.

pasar el
carrete
*to wind on the
film*

Escuche y participe.

objetivo (el)
lens

Actividad 3.4

sonríe
smile

Now that you understand how an old camera works, try to explain it to a friend. Write an explanation using the notes in the box on the next page, which show the stages of the process in the correct order. Use the *tú* form of the imperative or '*tienes que* + infinitive' for variety of expression.

Escriba una nota.

Ejemplo

Primero abre esta tapa. Luego... **or**

Primero tienes que abrir esta tapa. Luego...

abrir esta tapa → meter el carrete → cerrar la tapa

pasar el carrete → quitar la tapa del objetivo

enfocar el objetivo → apretar este botón

apretar el
botón
*to press the
button*

Léxico básico

aguja (la)	*needle*
agujero (el)	*hole*
apretar (un botón)	*to press (a button)*
carrete (el)	*(camera) film*
enchufar	*to plug in*
enfocar	*to focus*
máquina de coser (la)	*sewing machine*
máquina de escribir (la)	*typewriter*
máquina de fotos (la)	*camera*
meter	*to put in*
objetivo (el)	*(camera) lens*
pasar el carrete	*to wind on the film*
pila (la)	*battery*
poner un disco	*to put on a record*
probar	*to try out*
quitar	*to take off*
reloj de pie (el)	*grandfather clock*
tapa (la)	*lid*
tocadiscos (el)	*record player*

Sesión 4

Abróchense los cinturones

Since Isabel will soon be returning to Spain, she decides to make the most of her stay in Latin America by visiting the beautiful country of Ecuador.

Key learning point

- Giving instructions
- The imperative (*usted* and *ustedes* forms)

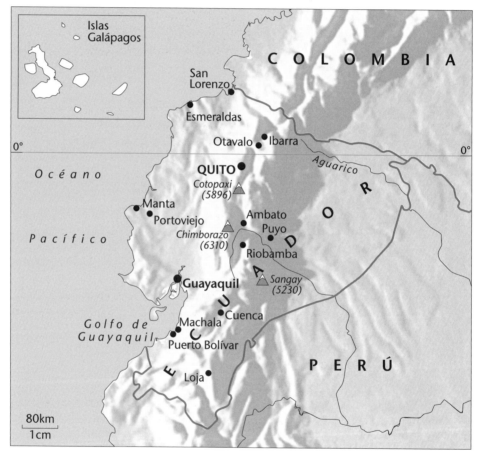

Actividad 4.1 🎧

Isabel is in various situations in which formal instructions are given.

1   Listen to *Pista 11*, which contains three situations (a) – (c). Match each of the following photographs with the appropriate situation.

Escuche y enlace los diálogos con las fotografías.

(i)

(ii)

(iii)

El avión de Isabel aterriza en Quito

Isabel escucha un anuncio de radio

Isabel llama a una agencia inmobiliaria

¡ya!
(here:) now!

2   Now read the transcript of *Pista 11* and underline the verbs that correspond to the verbs in the following phrases.

Lea la transcripción y subraye los verbos.

(a) Travel to Ecuador.

(b) Book your ticket now.

(c) Leave your message.

(d) Fasten your seatbelts.

(e) Put the back of your seat into vertical position.

THE IMPERATIVE (*USTED* AND *USTEDES* FORMS)

To give instructions to someone you would address using the *usted* form, the *usted* form of the imperative is used. Likewise, to give instructions to several people you would address using the *ustedes* form, the *ustedes* form of the imperative is used.

For -*ar* verbs, these imperatives are formed by removing the **-o** of the first person singular of the present tense (e.g. *viaj**o**, habl**o***) and adding **-e** for the *usted* form and **-en** for the *ustedes* form:

Viaj**e** a Venezuela. (Travel to Venezuela.)

Habl**en** más bajo. (Speak more quietly.)

For -*er* and -*ir* verbs, the **-o** is substituted by **-a** for the *usted* form and -**an** for the *ustedes* form.

Com**a** cereales y fruta. (Eat cereals and fruit.)

Escrib**an** sus nombres aquí. (Write your names here.)

IMPERATIVE (*usted* and *ustedes* forms)

Infinitive	usted	ustedes
hablar	hable	hablen
comer	coma	coman
escribir	escriba	escriban

Radical changing verbs show the same radical change as they do in the first person singular of the present tense: *e.g. pensar* → *pienso* → *piense*.

pensar	piense	piensen
mover	mueva	muevan
dormir	duerma	duerman

Irregular verbs show the same irregularity as the first person singular of the present tense, e.g. *poner* → *pongo* → *ponga*.

poner	ponga	pongan
hacer	haga	hagan

The imperative of some verbs, like *ir* and *ser*, does not bear any resemblance to the first person singular of the present tense.

ir	vaya	vayan
ser	sea	sean

Some verbs show a **spelling change** in their imperative form (to maintain the same sound as in the first person singular present tense), e.g. *sacar* → *saco* → *saque*.

sacar	saque	saquen
llegar	llegue	lleguen

The Spanish instructions given to you in this course are all in the *usted* imperative form. You can look at *A guide to Spanish instructions* on the last page of each coursebook to familiarize yourself further with this form.

Latin American usage

In Latin America, the *ustedes* form is used for both formal and informal contexts and the *vosotros* form is not used.

Niños, **coman** despacio. (Eat slowly, children.)

Actividad 4.2 🎧 _____

In this activity you will practise using the *usted/ustedes* imperative form.

1   Before flying to Quito, Isabel gathered some brochures about Ecuador. The following sentences are extracts from them. Fill in the gaps with the *usted* and *ustedes* forms of the imperative of the verb in brackets. The first has been done for you.

Complete los espacios en blanco.

disfrutar de
to enjoy

selva (la)
jungle

cumbres
nevadas
*snowed-capped
peaks*

recorrer
to travel through

hechos a mano
handmade

lana (la)
wool

cuero (el)
leather

tortillas de maíz
(las)
corn tortillas

(a) *Disfrute / disfruten* (disfrutar) de las playas, selvas, lagos y cumbres nevadas de Ecuador.

(b) _____ / _____ (pasear) por el centro colonial de Quito.

(c) _____ / _____ (visitar) Guayaquil y Cuenca, dos bellísimas ciudades.

(d) _____ / _____ (recorrer) en ferrocarril el circuito Quito-Ibarra-San Lorenzo.

(e) _____ / _____ (ir) un sábado a los mercados indígenas de Otavalo.

(f) _____ /_____ (comprar) ponchos de lana y artículos de cuero hechos a mano.

(g) _____ /_____ (hacer) excursiones a la provincia de Oriente.

(h) _____ /_____ (viajar) a las Islas Galápagos de enero a abril.

(i) _____ /_____ (probar) los platos típicos de cerdo y tortillas de maíz.

The following pages contain a selection of images of Ecuador, including scenes of Quito and Mt Chimborazo.

2   Listen to *Pista 12* and do the exercise, which is about giving advice to people travelling to Ecuador.

Escuche y haga el ejercicio.

Español de bolsillo 🎧 *(Pista 29)*

Beba agua mineral.   *Drink mineral water.*

Coma mucha fruta.   *Eat plenty of fruit.*

Compre comida fresca.   *Buy fresh food*

Enpocas**palabras**

D

Dictionary skills: selecting the right meaning of a word

1 Isabel has successfully rented a flat for her stay in Quito. When she arrives there, she finds this note with some domestic instructions. Read it and underline all the verbs.

Lea y subraye.

Ponga solo programas A y B de la lavadora.

Cierre bien todos los grifos.

basura (la)
rubbish

Baje la basura a la calle por la noche.

Al final de su estancia, corte el agua y el gas y deje la llave de la casa en la agencia.

grifo (el)
tap

Para cualquier problema, llame a la agencia.

2　Now look up in the dictionary the infinitive of the verbs from step 1 and fill in the table as follows: for each verb write down the different meanings given in the dictionary, then in the third column write the meaning that fits the way the verb is used in step 1. The first has been done for you.

Busque los verbos en el diccionario y complete la tabla.

Infinitive	Different meanings given in dictionary	Meaning in given context
poner	• to put • to put on • to set • to put in	to put on
...	...	...

3　Fill each gap with the appropriate verb from the table above.

Complete los espacios en blanco.

(a) Esta tarde van a _____ el agua porque están arreglando las tuberías.

(b) Tengo que _____ al electricista: no tenemos luz en casa.

(c) Debo _____ una llave de casa a la vecina, para no tener problemas.

(d) ¿Me ayudas a _____ las maletas? Pesan mucho, y estamos en un cuarto piso.

(e) No me gusta _____ el lavaplatos por las noches. Hace mucho ruido.

tuberías (las)
pipes

pesan mucho
they are very heavy

Léxico básico

bajar algo	*to take something down*	lana (la)	*wool*
bajar/sacar la basura	*to put out the rubbish*	pesar	*to be heavy (also: to weigh)*
cerrar con llave	*to lock*		
cortar (el agua, el gas)	*to cut off (the water, gas)*	probar	*to try (a dish)*
		recorrer	*to travel through / explore*
cuero (el)	*leather*		
dejar un mensaje	*to leave a message*	viajar	*to travel*
hecho a mano	*handmade*	visitar	*to visit*

Sesión 5
Promesas electorales

There are local elections going on in Valencia and Patricio is interested to find out more about the political and electoral system in Spain.

Key learning point

- Talking about the future
- The future tense (regular verbs)

Actividad 5.1 🎧

SISTEMA ELECTORAL ESPAÑOL

cámara (la)
chamber, house

diputado, -a (el/la)
member of parliament

mayoría absoluta (la)
absolute majority

partido (el)
party

existen
there are
(literally: *there exist*)

alcalde (el)
mayor

¿Piensas votar?
Are you thinking of voting?

otra vez
again

votar
to vote

El sistema parlamentario español es bicameral, es decir, tiene dos cámaras: el Congreso de los Diputados con 350 diputados y el Senado con 257 senadores. El sistema electoral español es un sistema de representación proporcional. Cada cuatro años hay elecciones generales. Para formar gobierno el partido ganador necesita mayoría absoluta o formar coalición con otros partidos.

El modelo político español es muy descentralizado: existen 17 autonomías con sus correspondientes gobiernos autonómicos elegidos en las elecciones regionales. Tambien hay elecciones municipales o locales para elegir alcalde de una ciudad y elecciones europeas.

1   Patricio hears an opinion poll on the radio about how interested young Valencians are in politics and how much they participate in local and general elections. Listen to *Pista 13* and complete the table below.

Escuche y complete.

	¿Te interesa la política?	¿Has votado antes?	¿Vas a votar otra vez?
(a)			
(b)		Sí.	
(c)			Sí.

2   What about you? Listen again to dialogue (a) of *Pista 13* again and when you hear each question, press the pause button and answer according to your own opinion or experience.

Escuche y conteste.

Actividad 5.2

While visiting a village, Patricio comes across a public meeting.

1   The short extract below is from a speech given by an electoral candidate. Read it and write down which of the following aspects of village life (a) – (e) **are not** mentioned in the speech.

Lea y marque con una cruz.

(a) Education   (d) Sports

(b) Hospitals   (e) Buses

(c) Street lighting

renovar
to renew
ampliar
to enlarge
bajar
to lower, reduce

" ...Renovaremos la escuela primaria. Ampliaremos los parques y espacios verdes. Mejoraremos la iluminación de todas las calles del pueblo. Bajaremos el precio del transporte público... "

2   Now underline the verbs in the speech and write the infinitive of each.

Subraye y escriba.

Ejemplo

Renovaremos ➔ *renovar*

TALKING ABOUT THE FUTURE

When making promises, planning events, or making predictions for the future, the future tense is used:

Renovaremos la escuela primaria.

En verano **iré** a América Latina.

Anita, tú **te casarás** con un artista.

The regular future tense is very simple to form. Just take the infinitive and add the future tense endings, which are: **-é, -as, -á, -emos, -éis, -án.**

The future tense

CANTAR		COMER	
cantar**é**	cantar**emos**	comer**é**	comer**emos**
cantar**ás**	cantar**éis**	comer**ás**	comer**éis**
cantar**á**	cantar**án**	comer**á**	comer**án**

VIVIR	
vivir**é**	vivir**emos**
vivir**ás**	vivir**éis**
vivir**á**	vivir**án**

There are a few irregular forms of the future tense which you will work on in *Sesión 8*. For further information see the section *The Future Tense* in the grammar book.

3   While listening to the speech, Patricio is handed an election manifesto of the *Utopía* party. Read it and complete the gaps by putting the verb in brackets into the future tense.

Lea y rellene los espacios en blanco.

¡Un nuevo pueblo: una nueva vida!

Partido independiente Utopía: manifiesto electoral

Una nueva escuela municipal

Nosotros (ampliar) _____ la vieja escuela. Los clubes de actividades extracurriculares (ser) _____ gratis. (Construir) _____ nosotros un patio de recreo más seguro y más grande.

Iluminación

El barrio de Pajaritos (estar) _____ mejor iluminado. Nosotros (pedir) _____ fondos al gobierno autonómico con este objetivo.

Parques y zonas verdes

Nosotros (recuperar) _____ el área alrededor del antiguo puerto: la empresa VERSOL (limpiar) _____ la zona, (plantar) _____ árboles y (crear) _____ un pequeño parque infantil.

Transporte público

La tarjeta de autobús de 10 viajes (costar) _____ un 10% menos, la tarjeta de escolares y tercera edad (bajar) _____ de precio en un 30%.

patio de recreo (el) *(school) playground*

recuperar *to do up*

alrededor de *around*

plantar *to plant*

crear *to create*

tarjeta de autobus (la) *bus season ticket*

Actividad 5.3 🎧

From electoral pledges to more domestic promises and assurances.

1   A public relations assistant is going on an election campaign and wants to make sure his partner will run the house smoothly. Complete the speech boxes of the following dialogue with the appropriate form of the future tense of the verb in capital letters.

Complete los bocadillos con el verbo en futuro.

ordenar
to tidy

Ejemplo

ORDENAR

| ¿Ordenarás la casa? | Sí, ordenaré la casa. |

fregar los platos
to wash up,
wash the dishes

FREGAR

| Después de cenar ¿(a) _____ los platos? | Sí, (b) _____ los platos. |

LAVAR

| ¿(c) _____ la ropa? | Sí, (d) _____ la ropa. |

RECOGER

| ¿(e) _____ a los niños del colegio? | Sí, (f) _____ a los niños. |

SACAR

| ¿(g) _____ la basura por las noches? | Sí, (h), _____ la basura. |

PENSAR

| ¿(i) _____ en mí? | Sí, (j) _____ en ti todo el tiempo. |

2　Listen to *Pista 14* and do the exercise.

Escuche y responda.

Léxico básico

alcalde, -desa (el, la)	*mayor*	fregar los platos	*to wash up*
ampliar	*to enlarge*	gobierno (el)	*government*
autonomía (la)	*autonomous region*	lavar	*to wash*
cámara (la)	*chamber*	ordenar	*to tidy*
congreso (el)	*congress*	partido político (el)	*party*
crear	*to create*	plantar	*to plant*
descentralizado	*decentralized*	política (la)	*politics*
diputado, -a (el, la)	*member of parliament*	regar	*to water*
elecciones (las)	*elections*	senado (el)	*Senate*
escaño (el)	*(parliamentary) seat*	votar	*to vote*

Sesión 6

En la consulta del médico

In this session you will find out about some common ailments.

Key learning point

•　Asking and responding to questions about health

Actividad 6.1 🎧

In this activity you will hear several people talking about their health problems.

1　Listen to *Pista 15* and tick the appropriate box according to whether the formal or the informal form of address is used in each question.

Escuche e indique.

	Formal	Informal
Dialogue (a)	❏	❏
Dialogue (b)	❏	❏
Dialogue (c)	❏	❏
Dialogue (d)	❏	❏

ASKING AND RESPONDING TO QUESTIONS ABOUT HEALTH

To ask about someone's health, you can either use the reflexive verb *encontrarse* ('to feel'):

¿Cómo **se encuentra**?

¿Cómo **te encuentras**?

How do you feel?

or *doler* ('to hurt') which is a *gustar*-type of verb:

¿Qué le **duele**?

¿Qué te **duele**?

(Where does it hurt?, literally: What is hurting you?)

To answer, you can either use the verb *tener*:

Tengo tos.   (I've got a cough.)

Tengo dolor de cabeza.   (I have a headache.)

or you can use the verb *doler,* which agrees in number with the part or parts of the body that are hurting:

Me duel**e** el estómago.   (I have a stomach ache.)

Me duel**en** los pies.   (My feet hurt / ache.)

To give a more general answer, use the verb *encontrarse*:

No me encuentro bien.   (I don't feel very well.)

Me encuentro mal.   (I feel ill.)

DOLER		ENCONTRARSE
me		me encuentro
te		te encuentras
le	duel**e**	se encuentra
nos	duel**en**	nos encontramos
os		os encontráis
les		se encuentran

2   Listen to *Pista 15* again and match each dialogue with the appropriate illustration below.

Escuche y elija.

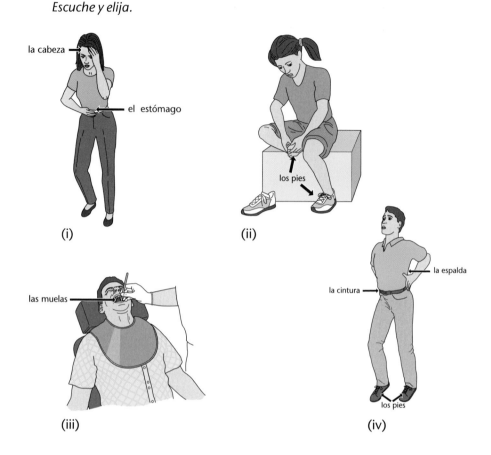

3   Write sentences describing what health problems each person above has.

Ahora escriba frases.

Ejemplo

(i) Le duele la cabeza. Le duele el estómago.

SISTEMA SANITARIO EN ESPAÑA

gratuito
free

consulta (la)
surgery

subvencionado
subsidized

cobertura
médica (la)
medical cover

En España existe un Sistema Nacional de Salud (SNS) público similar al del Reino Unido, gratuito y universal para todos los ciudadanos. Cada barrio tiene un centro de salud, donde los médicos de familia tienen su consulta.

La provisión de servicios sanitarios es mayoritariamente pública (alrededor del 90% de las camas hospitalarias y el 95% de consultas médicas), excepto en Cataluña, donde la atención sanitaria es principalmente en centros privados subvencionados por el gobierno catalán. Los empleados del sector público (los funcionarios) tienen un régimen especial: pueden elegir una cobertura médica pública o privada (pagada por el gobierno español).

Actividad 6.2 🎧

Here is some further practice in talking about health matters.

1 For each of the following symptoms write a sentence saying what ache or pain you have. Use the verb *doler*.

   Escriba frases.

   ### Ejemplo
   dolor de muelas
   Me duelen las muelas.

dolor (el)
pain, ache

   (a) dolor de garganta

   (b) dolor de estómago

   (c) dolor de pies

   (d) dolor de espalda

   (e) dolor de cabeza

   (f) dolor de oídos

estoy resfriada
I have a cold

2 Now listen to *Pista 16* and do the exercise.

   Escuche y responda.

Actividad 6.3

In this activity you will learn some other ways of saying how you feel.

EXPRESSING HOW YOU FEEL, USING *TENER*

There are many expressions in Spanish which are formed with the verb '*tener*'. Some of these express physical sensation:

Tengo frío.   (I'm cold.)

Tengo calor.   (I'm hot.)

Expressions with *TENER*	
tener frío	to be cold
tener calor	to be hot
tener hambre	to be hungry
tener náuseas	to feel sick
tener sueño	to feel sleepy

To qualify how cold or hot, etc. you feel, use *mucho / un poco de / bastante*:

Tengo **mucha** hambre.

Tengo **un poco de** calor.

Tengo **bastante** frío.

1   Read the advice given by the second speaker in each of the following mini-dialogues and write an appropriate expression with *tener* for the first speaker. In some cases more than one option is possible.

Lea y complete los bocadillos.

Ejemplo

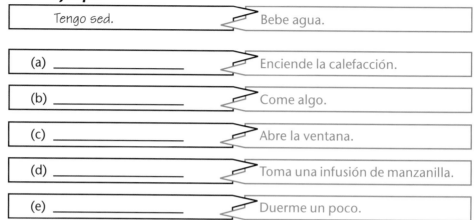

| Tengo sed. | Bebe agua. |

| (a) _____ | Enciende la calefacción. |

| (b) _____ | Come algo. |

| (c) _____ | Abre la ventana. |

infusión de manzanilla (la) *camomile tea*

| (d) _____ | Toma una infusión de manzanilla. |

| (e) _____ | Duerme un poco. |

2   Use the dictionary to match the following physical states with their equivalents in English. The first has been done for you.

Utilice el diccionario y enlace.

(a)   Tengo resaca.   (i)   I'm pregnant.
(b)   Tengo infección de oídos.   (ii) I have an abscess on my tooth.
(c)   Estoy embarazada.   (iii) I have flu.
(d)   Tengo gripe.   (iv) I have a hangover.
(e)   Tengo un flemón.   (v)   I have an ear infection.

3   For each of the physical states above describe the symptoms (as you imagine them).

Describa los síntomas.

Ejemplo

Estoy embarazada: *tengo náuseas y tengo mucha hambre.*

Léxico básico

consulta (la)	*surgery (place)*	hambre (el *fem*)	*hunger*
dolor (el)	*pain, ache*	infección (la)	*infection*
embarazada	*pregnant*	muela (la)	*back tooth, molar*
espalda (la)	*back*	náusea (la)	*nausea*
fiebre (la)	*temperature, fever*	oídos (los)	*ears (hearing)*
flemón (un)	*abscess (on tooth)*	resfriado (el)	*cold*
garganta (la)	*throat*	tener sueño	*to feel sleepy*
gripe (la)	*flu*	tos (la)	*cough*

Sesión 7 Farmacia de guardia

Patricio is not feeling very well and tries some alternative remedies. In the end he decides to go to a chemist and ask for traditional remedies.

Key learning point

- Expressing frequency (revision)
- Asking for different remedies

Actividad 7.1

In this activity you will advise Patricio on aromatherapy remedies.

1   Here is a list of different remedies. Tick the ones you associate with alternative medicine.

Marque con una cruz.

jarabe (el)
cough mixture

Jarabe ❑

Aceites ❑

Pastillas de paracetamol o aspirina ❑

Supositorios ❑

Remedios homeopáticos ❑

pomada (la)
cream, ointment

Antibióticos ❑

hierbas (las)
herbs

Cremas o pomadas ❑

Hierbas ❑

2   Here is a text on aromatherapy. The names of the different plants mentioned are similar to their equivalents in English. Underline them and guess the meaning of each one.

Subraye y traduzca.

sedante (el)
sedative

Aromaterapia utiliza esencias o aceites extraídos de las plantas para el equilibrio y salud de la mente y el cuerpo. Cada aceite tiene unas funciones específicas.

Por ejemplo:

Anís: calmante de dolores digestivos. Es beneficiosa para los problemas respiratorios.

Cilantro (coriandro): analgésico. Estimula el apetito y ayuda en la digestión.

Jazmín: actúa a nivel emocional. Sedante nervioso y antidepresivo. Afrodisíaco que calienta y relaja el organismo.

Lavanda: calmante y relajante.

Violeta: es buena para el dolor de cabeza.

3 Read the text again and find the expressions in it which have the **opposite** meaning to those below.

Lea el texto de nuevo y encuentre las expresiones contrarias.

Ejemplo

"... equilibrio y salud (de la mente)..."

desequilibrio y enfermedad

(a) estimulante (de dolores digestivos)

(b) es perjudicial (para los problemas respiratorios)

(c) calma (el apetito)

(d) enfría y tensa (el organismo)

(e) es mala (para el dolor de cabeza)

4 Read Patricio's comments about his state of health and advise him to buy the appropriate remedy for each ailment. Use the *tú* form of the imperative. (If two or more oils are good for the same condition, choose one of them.)

Lea y dé consejos a Patricio.

Ejemplo

Me duele mucho la cabeza.

Compra aceite de violeta. Es bueno para el dolor de cabeza.

(a) Estoy un poco deprimido.

(b) Me duele el estómago.

(c) No tengo hambre.

(d) Estoy muy nervioso.

Actividad 7.2 🎧

Patricio is still feeling under the weather, so he decides to go to a chemist.

1 The customer in front of him at the counter asks for several remedies. Listen to *Pista 17* and tick which of the health problems below she mentions.

Escuche y marque con una cruz.

insolación (la)
sunstroke

picadura de
mosquito (la)
mosquito bite

dolor de garganta	❏
dolor de cabeza	❏
insolación	❏
picaduras de mosquito	❏
fiebre	❏
tos	❏

2   Read the following *Español de bolsillo* and listen to it a few times.

Lea y escuche.

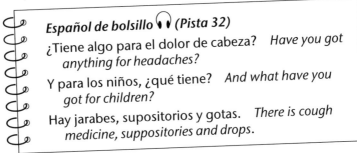

Español de bolsillo 🎧 *(Pista 32)*

¿Tiene algo para el dolor de cabeza?   *Have you got anything for headaches?*

Y para los niños, ¿qué tiene?   *And what have you got for children?*

Hay jarabes, supositorios y gotas.   *There is cough medicine, suppositories and drops.*

3   Listen to *Pista 17* again and write down the remedies that the chemist advises for each of the problems ticked in step 1.

Escuche y escriba.

catarro de
niños (el)
child´s cold

4   Listen to *Pista 18* and do the exercise.

Escuche y haga el ejercicio.

Actividad 7.3

In this activity you will revise the use of expressions of frequency.

Expressions of frequency
siempre
a menudo
de vez en cuando
(casi) nunca
una vez a la semana
dos veces al mes
cada ocho horas

1   Read the advice the chemist gives to Patricio. Which remedy needs to be taken or applied most frequently?

Lea y conteste.

Tiene que tomar este jarabe cada 8 horas.

Tome estas pastillas 3 veces al día.

Debe ponerse esta crema cada 3 horas.

2 Now use the expressions of frequency from the table on the preceding page to answer the following questions on health.

Lea y conteste.

¿Con qué frecuencia...? How often...?

Ejemplo

¿Con qué frecuencia va al médico?

Voy al médico una vez al mes. **or** *Nunca voy al médico.*

En general, ¿con qué frecuencia...

(a) ... va al médico?   (d) ... le duele la cabeza?

(b) ... va al hospital?   (e) ... toma analgésicos?

(c) ... va a la farmacia?   (f) ... toma otros medicamentos?

Actividad 7.4

In this activity you will practise the pronunciation of /r/ and /rr/.

SPELLING AND PRONUNCIATION OF THE SOUNDS /R/ AND /RR/

The single /r/ sound is produced by flicking the tongue once on the roof of the mouth, and the /rr/ sound is made by rolling the tongue repeatedly, producing a short trill.

The single /r/ sound is always spelt with a single *r* and it is found within a word, rather than at the beginning of one:

ca**r**a co**r**al cu**r**a cla**r**o que**r**er ca**r**ta

The strong rolling /rr/ sound is spelt as a double *rr* when within a word:

ca**rr**o co**rr**e Cu**rr**o pe**rr**o bo**rr**ar

and is spelt as single **r** when at the beginning of words.

Ramon **r**eina **r**ío **r**uido **r**osa

---

1 Go to the transcript of *Pista 19*. Underline the words that contain the single /r/ sound and ring those with the strong 'rolling' /rr/.

Subraye y marque con un círculo.

2 Listen to *Pista 19* to focus on the difference between the two sounds.

Escuche y compruebe sus respuestas.

3 Listen to *Pista 19* again and repeat each sentence. You may need to use the pause button when you repeat.

Escuche y repita.

4 Listen to *Pista 20* and shadow-read the transcript. It is a popular Spanish song called *La Tarara*. Sing along if you wish!

Escuche, lea la transcipción y cante si lo desea.

quemadura (la)
burns

ronca
(he/she) snores

Espejo Cultural

Shops or institutions may have certain different functions and ways of operating in different cultures.

1 Read the following statements about Spanish chemists and match each one with the picture below which you think fits best.

Lea y enlace.

licenciado/a
(el/la)
(*university*)
graduate

turnos de
guardia
rota (system)

(a) Los propietarios de farmacias españolas deben ser licenciados en Farmacia. Las farmacias no son parte de una cadena comercial de farmacias, como es el caso en otros países europeos.

(b) En todas las ciudades y pueblos españoles, por cada equis número de habitantes debe haber una farmacia de guardia. Hay turnos de guardia de dia (de 9 de la mañana a 10 de la noche) y turnos de noche (de 10 de la mañana a 9 de la mañana).

(c) En las farmacias solo se venden productos relacionados con la salud (medicamentos) o con la cosmética.

(i)

(ii)

(iii)

2   Compare the information in step 1 about Spanish chemists with chemists in your own country, and think about the differences between them.

Compare y considere las diferencias.

Léxico básico

analgésico (el)	*painkiller*	jarabe (el)	*cough mixture*
antibiótico (el)	*antibiotics*	pastilla (la)	*tablet*
beneficioso	*beneficial, good*	perjudicial	*harmful, detrimental*
calmante (el)	*sedative*	picadura de	
crema (la)	*cream*	mosquito (la)	*mosquito bite*
estimular	*to stimulate*	pomada (la)	*cream, ointment*
gota (la)	*drop*	supositorio (el)	*suppository*
hierbas (las)	*herbs*	utilizar	*to use*
insolación (la)	*sunstroke*		

Sesión 8
¿Cómo será el futuro?

As their year abroad is running out, Isabel and Patricio both start thinking about what the future may hold for them.

Key learning points

- The future tense (irregular verbs)

- Expressions of future time (revision)

Actividad 8.1

In this activity you will read some predictions about the future.

1   Below is a list of different aspects of life today. Go through it and tick the two aspects that you think will undergo the greatest changes in the next few decades. There is no *Clave* to this exercise.

Lea y marque con una cruz.

(a) Vivienda (casas, pisos, arquitectura) ❑

(b) Transporte (coches, aviones, trenes) ❑

(c) Medicina (salud, enfermedades, medicamentos, esperanza de vida) ❑

(d) Educación (colegios, universidades, métodos de enseñanza) ❑

(e) Ocio (viajes, deportes, música) ❑

(f) Tecnología (informática, comunicaciones) ❑

(g) Política (nacionalismo, fundamentalismo, estado del bienestar) ❑

(h) Sociedad (seguridad ciudadana, droga, religión) ❑

(i) El tiempo (fenómenos meteorológicos) ❑

2   Here are some predictions for the coming years from different newspapers.
Match each headline with the aspect of the list above to which they are
related.
Enlace los titulares con los temas correspondientes.

HABRÁ MÁS ACTOS TERRORISTAS

LA EDUCACIÓN SE REFORMARÁ COMPLETAMENTE

SE PRODUCIRÁN GRANDES CATÁSTROFES NATURALES

LA GENTE VIVIRÁ MÁS AÑOS

LOS COCHES FUNCIONARÁN CON HIDRÓGENO

PODRÁ CONSUMIRSE DROGA LEGALMENTE

LOS ORDENADORES SABRÁN "PENSAR"

LOS LIBROS ELECTRÓNICOS SUSTITUIRÁN A LOS LIBROS TRADICIONALES

EL CÁNCER TENDRÁ CURA

cura (la)
cure

3   Read the predictions again and underline all the verbs in the future tense.
Which ones are irregular verbs?
Lea y subraye.

THE FUTURE TENSE (IRREGULAR VERBS)

As you saw in *Sesión 5*, the future tense is quite straightforward. All you need to do is to add the future endings to the infinitive:

cantar → cantar**é**, cantar**ás**, cantar**á,** etc.

But there are a number of common verbs which are irregular. The future endings remain the same but they are attached to an altered stem:

hacer → **haré**   (I will do / make)

tener → **tendré**   (I will have)

Infinitive	Future stem	Future endings
decir	dir-	
hacer	har-	-é
poder	podr-	-ás
poner	pondr-	-á
saber	sabr-	-emos
salir	saldr-	-éis
tener	tendr-	-án
venir	vendr-	

The future form of *hay* is *habrá*.

The full future forms of these verbs are shown on page 142.

Actividad 8.2 🎧

1   Isabel and Patricio have started thinking about what they will do when they get back to their own countries. Read the following texts and write the verbs in brackets in the appropriate form of the future tense. The first has been done for you.

Escriba los verbos en el futuro.

Isabel

Primero, pasaré unos días en Madrid. Allí (poder) *podré* ver a mi amigo Miguel. Luego (salir) _____ para Valencia en el AVE. Mi familia (decir) _____ que estoy muy cambiada. Aitor y mi madre (hacer) _____ una paella para celebrar mi vuelta y muchos amigos (venir) _____ a verme a casa.

cambiada
changed, different

vuelta (la)
return

Patricio

Viajaré a Madrid en el AVE, y (pasar) _____ unos días en Madrid antes de volar para Chile. En Santiago (hacer) _____ buen tiempo. Pero seguro que (haber) _____ tanta contaminación como siempre. (Tener, yo) _____ que llamar a los amigos y colegas para darles la fecha de mi vuelta. El diseño de la escuela (salir) _____ muy bien porque ahora tengo muchas ideas.

salir bien
to turn out well

2   Listen to *Pista 21* and do the exercise. Imagine you are a fortune teller.

Escuche y prediga el futuro.

Actividad 8.3 🎧

You will now hear some people in Valencia making their own predictions about life in the next 50 years.

dentro de 50 años
in 50 years time
chévere (LAm)
great, brilliant

1   Listen to *Pista 22* and write down the questions the people are asked about. (Use the Pause or Repeat facility as necessary.)

Escuche y escriba las preguntas.

Ejemplo

(a) *¿Cómo será el trabajo dentro de 50 años?*

2   Listen to *Pista 22* again and choose the right option for each prediction.

Escuche de nuevo y elija la opción adecuada.

(a) El trabajo tendrá...

(i) más comodidades   (ii) más valor   (iii) más complejidad

(b) La familia será...

(i) como ahora   (ii) más reducida   (iii) más numerosa

(c) Los coches serán...

(i) eléctricos   (ii) aéreos   (iii) acuáticos

(d) La vida será...

(i) igual   (ii) diferente, mejor   (iii) diferente, peor

3   Here are some questions about how you see the future. Answer each question with a full answer in Spanish.

Conteste las preguntas en español.

(a) El fin de semana que viene, ¿qué hará?

(b) Dentro de tres meses, ¿qué tiempo hará en su ciudad?

(c) El año que viene, ¿qué estudiará?

(d) ¿Cómo cambiará su vida dentro de cinco años?

Time expressions relating to the future	
la semana que viene	next week
el año que viene	next year
dentro de dos meses	in two months
dentro de tres semanas	in three weeks

Enpocas**palabras**

Vocabulary development

An effective way to remember the use of some common verbs is to learn them in pairs of opposites (e.g. open / close, give / take).

1   Here are some pairs of verbs you have seen in this unit. Cross out the option that does not fit the meaning of both verbs.

Tache el intruso.

Ejemplo

apagar
*to turn off,
switch off*

encender / apagar...

(i) la luz   (ii) el ordenador   (iii) la calefacción   (iv) el libro

(iv) (A book is not switched on or off.)

(a) poner / quitar...

(i) la música   (ii) la ventana   (iii) la televisión   (iv) la radio

(b) levantar / bajar...

(i) los brazos   (ii) la boca   (iii) las piernas   (iv) las rodillas

(c) ganar / perder...

(i) unas elecciones   (ii) un partido de fútbol   (iii) la política
(iv) las votaciones

2   For each pair of verbs write two sentences containing any of the options that do fit.

Escriba frases.

Ejemplo

(a) encender / apagar

María, enciende la luz.

Paco, apaga la calefacción, hace mucho calor.

3 Record yourself saying the sentences you wrote in step 2.
   Grábese en su cinta.

Léxico básico

caber	*to fit*	medicina (la)	*medicine (= field of knowledge; activity; drug)*
cura (la)	*cure*		
contaminación (la)	*pollution*	nacionalismo (el)	*nationalism*
droga (la)	*drugs*	ocio (el)	*leisure (time)*
esperanza de vida (la)	*life expectancy*	perder	*to lose*
fundamentalismo (el)	*fundamentalism*	sociedad (la)	*society*
ganar	*to win*	transporte (el)	*transport*
medicamento (el)	*medicine (= drug)*	vida (la)	*life*
		vuelta (la)	*return*

Sesión 9 Repaso

This session is designed to help you revise the language that you have learned so far in this unit.

SOPA DE LETRAS

Find eight more parts of the human body in this Word Search.

Busque las partes del cuerpo humano.

E	E	A	O	Q	V	N	C	G	V
J	S	S	L	D	I	Y	A	A	D
E	F	T	P	E	Í	X	B	R	U
E	I	P	Ó	A	U	O	E	G	A
P	B	Q	V	M	L	M	Z	A	G
G	X	R	B	T	A	D	A	N	R
A	N	R	E	I	P	G	A	T	S
O	Z	A	R	B	E	K	O	A	F
W	V	J	Y	G	Z	T	E	Q	F
X	T	X	D	P	E	H	H	R	T

EL CÓMIC

Choose an appropriate phrase from the box to go with each thought bubble and put the phrase into the future tense.

Elija un verbo y escriba frases en el futuro.

Ejemplo

(a) – Compraré un *coche deportivo.*

> vivir en el Caribe • seguir igual que siempre • comprar un coche deportivo • dejar el trabajo

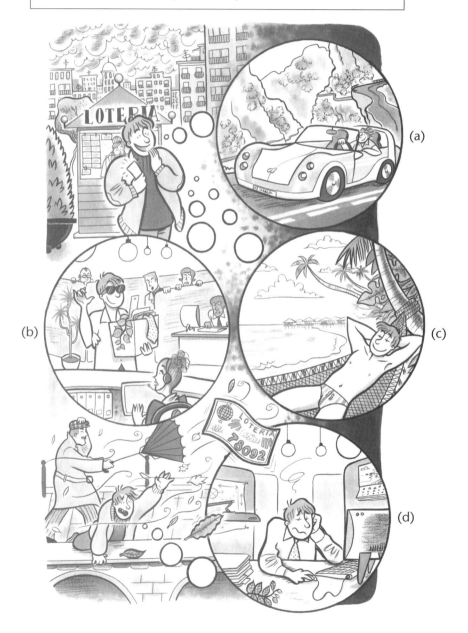

EL PEDANTE

The imperative is often used in advertising slogans. Read the advertisements below and transform the *tú* form of the imperative verb (which is in colour) into the *usted* form of the imperative.

Lea y transforme los verbos.

Ejemplo

Venga al Porte Inglés y disfrute las rebajas de enero.

las rebajas
the sales

sé is the informal imperative (*tú*) of the verb *ser*.

Ven al Porte Inglés y **disfruta** las rebajas de enero.

SÉ ORIGINAL:
ESCRIBE A MANO.

Plumas estilográficas Shakfer

Pon energía donde merece la pena.

ELECTRICIDAD CORDOBESA

Es bueno y barato hablar.
Habla los minutos
que quieras con
TELEMÓVIL

Estudia y **elige**
tu destino:

Academia Infoban

MI GRAMÁTICA

1   Fill in the table below with the different forms of the imperative. The *vosotros* forms have been provided and the first row has been completed for you.

Complete esta tabla con el imperativo.

INFINITIVO	IMPERATIVO			
	tú	vosotros	usted	ustedes
ENTRAR	entra	entrad	entre	entren
BEBER		bebed		
ESCRIBIR		escribid		
SALIR		salid		
PONER		poned		
VENIR		venid		
TENER		tened		
IR		id		
PEDIR		pedid		
VOLVER		volved		

2 Complete this table with appropriate forms of the future tense. The first has been done for you.

Complete esta tabla con el futuro.

	HABLAR	BEBER	ESCRIBIR	VENIR	SALIR	PODER	PONER	HACER
yo	hablaré							
tú								
él/ ella/ Ud.								

TEST CULTURAL

Choose the correct option to complete these statements.

Elija la opción adecuada.

(a) Los estudiantes universitarios españoles suelen ir a...

    (i) ... universidades cerca de sus casas.

    (ii) ... universidades lejos de sus casas.

    (iii) ... universidades privadas.

(b) La salsa es un término que se refiere a...

    (i) ... un ritmo y estilo de música concreto colombiano.

    (ii) ... a una mezcla de estilos de música de origen afrocaribeño.

    (iii) ... un tipo de música creada y comercializada en Cuba.

(c) Cuenca, Quito y Guayaquil son ciudades coloniales de...

    (i) ... Ecuador.

    (ii) ... España.

    (iii) ... Chile.

(d) En España hay elecciones europeas, generales...

    (i) ... y locales.

    (ii) ... y autonómicas.

    (iii) ..., autonómicas y locales.

(e) En España hay un sistema de salud que es...

    (i) ... como el modelo británico: gratis y universal.

    (ii) ... como el modelo alemán: gratis para los que pagan el sistema de seguridad social.

    (iii) ... como el modelo norteamericano: esencialmente privado.

(f) En España las farmacias son propiedad de...

   (i)   ... un licenciado en Química.

   (ii) ... un licenciado en Farmacia.

   (iii) ... cualquier persona o empresa.

MUSEO DE IMÁGENES

The Chilean painter Manuel Antonio Caro (1835–1903) is renowned for his paintings documenting 19th century history and customs of Chile.

La cueca or *zamacueca* is a traditional dance from Chile and regions of Perú, Bolivia and Argentina. The name *cueca* means 'hen', and refers to the courtship display between rooster (the male dancer) and hen (the female dancer), which the dance tries to imitate.

Look at the painting and say whether the following statements are true or false.

Mire e indique: ¿verdadero y falso?

Manuel Antonio Caro, *La zamacueca*, c. 1875

	Verdadero	Falso
(a) Es un día de fiesta.	❏	❏
(b) Es una escena del siglo XXI	❏	❏
(c) La cueca se baila en pareja.	❏	❏
(d) El hombre toma la mano de la mujer.	❏	❏
(e) El hombre tiene las dos manos en las caderas.	❏	❏
(f) La mujer mira al hombre.	❏	❏

EL CANCIONERO 🎧

Here is a popular Spanish song from the 1970s called *María Isabel*.

bañaba
used to bathe

borré
I rubbed out

para que nadie
pisara
*so that nobody
should step on*

1   Listen to *Pista 23*, and write down the words that you recognize associated with the beach and summer.

    Escuche y escriba las palabras asociadas con la playa y el verano.

2   Read the transcript and underline the words where the single /r/ sound is found and circle those that contain the strong /rr/ sound. (Ignore the refrain, and groups of consonants like *br-* or *cr-*.)

    Lea la transcripción y subraye las palabras adecuadas.

3   It's karaoke time. Listen again and sing along with the transcript.

    Escuche y si lo desea, cante con la transcripción.

DOCUMENTAL 🎧

In the last programme of the documentary series *En portada* you will be given a brief introduction to the history of Valencia and the origins of the autonomous regional goverment, *La Generalitat Valenciana*.

The table on the opposite page is a summary of some of the key periods and events of the history of Valencia. Listen to *Pista 24* and complete the table with the missing information.

Escuche y complete la tabla.

El Miguelete, s. XIV, catedral de Valencia

¿Cuándo?	¿Qué pueblo, personaje o entidad?	¿Qué ocurre?
(138 aC)	(a) _____	Fundan Valencia.
s.VIII – s.XIII	(b) _____	Ocupan Valencia.
1238	El rey Jaime I.	(c) _____
(d) s. _____ , el siglo de oro valenciano	El rey Alfonso el Magnánimo.	El comercio prospera, la lengua valenciana tiene prestigio.
s.XVIII	El gobierno de Madrid.	Prohíbe el parlamento valenciano y el (e)_____ _____ de su lengua.
(f) _____	Valencia.	Recupera su autonomía política.

recorrido histórico (el)
historical overview

fundan
they found

la corona de Aragón
the kingdom (literally: crown) of Aragon

comercio (el)
trade

de todo tipo
of every sort

prohíbe
forbids, prohibits

vuelve a vibrar
is vibrant again

Sesión 10
¡A prueba!

This session consists of a self-assessment test which will give you an idea of the progress you have made in this unit. You will find answers, explanations and revision tips in the *Clave*.

Part A

Test your vocabulary

Look at the words below and cross the odd one out.

Tache la palabra intrusa.

(a) cabeza • sombrero • cintura • espalda • hombros

(b) máquina de escribir • pilas • cámara de fotos • tocadiscos • máquina de coser

(c) partido de fútbol • elecciones • votar • gobierno • diputado

(d) tos • dolor de cabeza • fiebre • jarabe • dolor de espalda

(e) hambre • sed • sueño • náuseas • nieve

(f) infección • pastillas • gotas • crema • supositorio

(g) vivienda • transporte • sociedad • reloj • política

Test your grammar

1 Make sentences out of the jumbled words below.

Ordene los elementos de estas frases.

(a) ¿ – se – fotos – sacar – pueden – ?

(b) ¿ – se – música – puede – poner – ?

(c) ¿ – puedo – por – llamar – teléfono – ?

(d) no – puede – se – fumar

(e) está – comer – prohibido – aquí dentro

2 Here are some tips about how to stay in a good mood all day! Complete them by using the verb in brackets in the *tú* form of the imperative.

Complete estas instrucciones.

(a) Por la mañana (sonreír) _____ enfrente del espejo.

de camino a
on your way to

(b) De camino al trabajo (pensar) _____ en dos cosas positivas de tu trabajo.

(c) Al mediodía (comer) _____ sentado.

(d) (dedicar) _____ al menos una hora al almuerzo.

(e) (dormir) _____ al menos 20 minutos durante el día (¡la famosa siesta!).

(f) Pero sobre todo, (vivir) _____ el momento presente, (abrir) _____ bien los ojos, y (apreciar) _____ todo lo que tienes.

3 Here are a series of notices for a residential home for older people. Complete each sentence by changing the infinitive in brackets into the *usted/ustedes* form of the imperative.

Utilice el imperativo formal.

(a) Al salir (cerrar, usted) _____ la puerta con llave.

(b) y... (apagar, usted) _____ las luces.

(c) Después de una función, (limpiar, ustedes) _____ el salón de actos y ...

(d) ... por favor (recoger, ustedes) _____ todas las sillas.

(e) (subir, usted) _____ las escaleras con cuidado.

(f) (cuidar, usted) _____ los espacios comunes.

(g) Esta es su casa: (disfrutar, usted) _____ de ella.

4   Change the verb of each of the following sentences into the future tense.

Transforme estas frases en el futuro.

Ejemplo

En mi pueblo hay un mercado de productos frescos.

En mi pueblo habrá un mercado de productos frescos.

(a) La biblioteca tiene una sección para niños.

(b) Los discapacitados físicos pueden recorrer el pueblo sin dificultades.

(c) Los niños salen a la calle sin el peligro de los coches.

(d) No hay contaminación.

(e) Las personas mayores hacen excursiones culturales.

(f) Artistas de fuera vienen a mi pueblo a vivir.

orgulloso
proud

(g) Los jóvenes están orgullosos del pueblo.

Part B 🎧

Test your listening skills

colores
*colouring
pencils*
pizarra (la)
blackboard
abrigo (el)
coat
asiento (el)
seat

1   Listen to *Pista 25* and indicate which of dialogues (a) and (b) corresponds to each of the following two situations.

Escuche e indique.

(i) A doctor's surgery.

(ii) A classroom.

2   Listen to *Pista 25* again and answer these questions.

Escuche de nuevo y conteste las siguientes preguntas.

(a) What are the following children told to do?

(i) Iris   (ii) Gema   (iii) Edgar

(b) Once the patient is seated, what three things does the doctor tell him to do?

Part C

Test your writing skills

Imagine a friend of yours has seen an interesting job opportunity in Santiago de Chile for next year and has emailed you asking for advice about how best to improve his Spanish. You reply to him in Spanish with five helpful instructions. Complete the e-mail below. Use the informal imperative for your instructions.

Complete el correo electrónico.

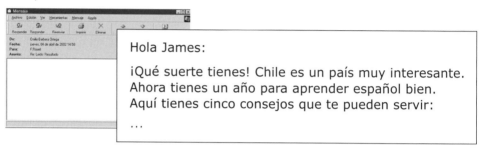

Hola James:

¡Qué suerte tienes! Chile es un país muy interesante. Ahora tienes un año para aprender español bien. Aquí tienes cinco consejos que te pueden servir:

…

Part D 🎧

Test your communication skills

1   You have been living in a Spanish town for a few months and are now thinking of bringing your family to live there permanently. Local elections are imminent, and you decide to go to a meeting of the most popular candidate to see whether the quality of life is likely to improve. Listen to *Pista 26* and take notes in English about the following topics.

Escuche y tome nota.

(a) Public transport

(b) Refuse collection / recycling

(c) Local school

(d) Children's safety

2   You have decided to go and live in a Spanish-speaking town or city with your family. Choose an area you know from experience or from the course and write a letter to a close friend telling him/her of your plans. You should include the following points in the letter.

Escriba una carta.

(a) The month when you will go to live there.

(b) A very short description of the area (where it is / what type of place it is).

(c) What type of housing you will rent: house/flat, location, rooms.

(d) Plans for you and your family: what you will do for a living and at least one more activity someone close to you will be doing.

(e) How you plan to spend your free time. Mention three leisure activities.

(f) End by mentioning two ways in which you think this change of scene will improve your quality of life.

mejoraremos
we will improve

líneas (las)
routes

contenedores de reciclaje (los)
recycling containers

peligro (el)
danger

Clave

Actividad 1.1

(a) Está en la ciudad universitaria de Valencia.

(b) Es del arquitecto Javier Goerlich.

(c) Here are some possible answers:

sacar libros, ver la tele, usar los ordenadores, usar el laboratorio de fotografía, pintar cuadros en el estudio de bellas artes, tomar café / comer en la cafetería, hacer ejercicio en el gimnasio.

Actividad 1.2

1   (a) fumar, (b) comer, (c) tocar, (d) sacar fotos, (e) mirar.

2   What you **are** allowed to do in the library is: *tocar* (dialogue c), *sacar fotos* (dialogue d), *mirar* (dialogue e).

3   Here is a possible answer:

(b) No se puede comer. / Está prohibido comer.

(c) Se puede tocar. / Está permitido tocar.

(d) Se pueden sacar fotos. / Está permitido sacar fotos.

(e) Se puede mirar. / Está permitido mirar.

Actividad 1.3

1   (a) ¿Se pueden recibir llamadas telefónicas?

(b) ¿Se pueden recibir visitas?

(c) ¿Se puede poner música?

(d) ¿Se puede cocinar?

(e) ¿Se pueden tener perros?

Actividad 1.4

1   Here is a possible answer:

(a) ¿Puedo encender la luz?

(b) ¿Puedo bajar la música?

(c) ¿Puedo usar tu móvil?

(d) ¿Puedo cambiar la mesa de sitio?

(e) ¿Puedo cerrar la puerta?

Actividad 1.5

Here is a possible answer:

Reglas de convivencia de la casa:

Está prohibido estar enfadado.

Se puede reír y llorar (en compañía).

Se pueden hacer fiestas una vez al mes.

Está permitido invitar amigos simpáticos y alegres.

Está permitido cocinar todo tipo de comidas regionales e internacionales (y también se puede compartir con el resto de los compañeros de piso).

Cuando estamos todos juntos, no se puede estar de mal humor.

Actividad 2.1

1   (a) – (ii), (b) – (iii), (c) – (i).

2   (a) *flamenco*, Spain (Andalucía).
    (b) *tango*, Argentina and Uruguay.
    (c) *cumbia*, Colombia.

Actividad 2.2

1   los hombros, los brazos, las caderas, las piernas, los pies.

2   (a) – (ii), (b) – (ii), (c) – (i).

Actividad 2.3

1   (a) – (i), (b) – (ii), (c) – (i), (d) – (i), (e) – (i), (f) – (ii).

2   The movements mentioned by the teacher are: (a), (c), (d), (e).

3   **Correct instructions**:

Pon la mano en el hombro del chico.

Toma la mano de la chica.

Da un paso adelante.

Mueve las caderas. Da una vuelta.

'Subversive' instructions:

Besa el hombro del chico.

Come la mano de la chica.

Da un beso.

Mueve las orejas.

Da un grito.

Actividad 2.4

1   (a) cierra, (b) pon, (c) cuenta, (d) inspira, (e) espira, (f) relaja, (g) repite.

Actividad 3.1

1   (a)   Here is a possible answer:

Sí, he visto un reloj de pie en casa de mi tío. Tengo una máquina de coser en mi casa.

(b)   El tocadiscos sirve para poner música.

La máquina de coser sirve para coser.

El reloj de pie sirve para saber la hora.

La máquina de fotos sirve para sacar fotos.

La máquina de escribir sirve para escribir (a máquina).

(c)   Here is a possible answer:

En mi opinión el objeto más útil es la máquina de coser (porque es un objeto muy práctico para hacer cosas en la casa).

Actividad 3.2

1   (a) – (ii), (b) – (i).

2   The correct order of the sequence is: (c), (b), (d), (a).

3   Here is a possible answer:

Primero enchufa el tocadiscos. Luego levanta la tapa y pon el disco por el agujero. Por último, coloca la aguja en el disco.

Actividad 3.4

Primero abre esta tapa y mete el carrete dentro. Luego cierra la tapa y pasa el carrete. Entonces tienes que quitar la tapa del objetivo y enfocar el objetivo. Y para terminar, aprieta este botón y ya está. [ya está = *that's it, there you are*]

Actividad 4.1

1   1 – (c), 2 – (a), 3 – (b).

2   The verbs to be underlined were: (a) *viaje*, (b) *reserve*, (c) *deje*, (d) *abróchense*, (e) *pongan*.

Actividad 4.2

1   (b) pasee / paseen, (c) visite / visiten,

(d) recorra / recorran, (e) vaya / vayan,

(f) compre / compren, (g) haga / hagan,

(h) viaje / viajen, (i) pruebe / prueben.

Enpocaspalabras_____

Dictionary skills

1 The verbs in the message are: *ponga, cierre, baje, corte, deje, llame.*

2

Infinitive	Meanings given in dictionary	Meaning in given context
cerrar	to close, to turn off	to turn off
bajar	to go down, to come down, to take down, to bring down, to put down, to turn down, to download	to take down
cortar	to cut, to cut off, to close	to cut off
dejar	to leave, to let, to lend, to give up	to leave
llamar	to call, to ring, to knock	to call

3 (a) cortar, (b) llamar, (c) dejar, (d) bajar, (e) poner.

Actividad 5.1

1 Here is the completed table:

¿Te interesa la política?	¿Has votado antes?	¿Vas a votar otra vez?
(a) **No mucho.**	**Sí.**	**Sí.**
(b) **No.**	Sí.	**Sí.**
(c) **Sí.**	**No.**	Sí.

Actividad 5.2

1 The aspects of village life not mentioned in the speech are (b) and (d).

2 ampliaremos → ampliar

mejoraremos → mejorar

bajaremos → bajar

3 ampliaremos, serán, construiremos, estará, pediremos, recuperaremos, limpiará, plantará, creará, costará, bajará.

Actividad 5.3

1 (a) fregarás, (b) fregaré, (c) lavarás, (d) lavaré, (e) recogerás, (f) recogeré, (g) sacarás, (h) sacaré, (i) pensarás, (j) pensaré.

Actividad 6.1

1 (a) informal, (b) formal, (c) informal, (d) formal.

2 (a) – (ii), (b) – (i), (c) – (iv), (d) – (iii).

3 (ii) Le duelen los pies.

   (iii) Le duelen las muelas.

   (iv) Le duelen los pies. Le duele la cintura. Le duele la espalda. (*or as a single sentence*: Le duelen los pies, la cintura y la espalda.)

Actividad 6.2

1 (a) Me duele la garganta.

   (b) Me duele el estómago.

   (c) Me duelen los pies.

   (d) Me duele la espalda.

   (e) Me duele la cabeza.

   (f) Me duelen los oídos.

Actividad 6.3

1 (a) Tengo frío.

   (b) Tengo hambre.

   (c) Tengo calor.

   (d) Tengo náuseas. / Tengo mal de estómago, náuseas, etc.

   (e) Tengo sueño.

2 (a) – (iv), (b) – (v), (c) – (i), (d) – (iii), (e) – (ii).

3 Here is a possible answer:

   Tengo resaca: me duele la cabeza y tengo náuseas.

   Tengo infección de oidos: me duelen los oídos y tengo fiebre.

   Tengo gripe: me duele la cabeza, estoy resfriado y tengo fiebre.

   Tengo un flemón: me duelen las muelas.

Actividad 7.1

1 You may have ticked the following: *aceites* (oils), *remedios homeopáticos* (homeopathic remedies), *hierbas* (herbs).

2 anís – *aniseed*, cilantro o coriandro – *coriander*; jazmín – *jasmin*; lavanda – *lavender*; violeta – *violet*.

3 (a) calmante, (b) es beneficiosa, (c) estimula, (d) calienta y relaja, (e) es buena.

4 (a) Compra aceite de jazmín. Es sedante nervioso y antidepresivo.

   (b) Compra aceite de anis. Es calmante de dolores digestivos.

   (c) Compra aceite de coriandro. Estimula el apetito.

   (d) Compra aceite de lavanda. Es calmante y relajante.

Actividad 7.2

1 The health problems mentioned are: *dolor de cabeza, picaduras de mosquitos, tos.*

3 (a) paracetamol o aspirina, (b) cremas y lociones, (c) jarabes, supositorios y gotas.

Actividad 7.3

1 The cream, because it will need to be applied every three hours (so more often than three times a day).

2 Here is a possible answer:

   (a) Voy al médico dos veces al año.

   (b) No voy casi nunca al hospital.

   (c) Voy a la farmacia una vez a la semana.

   (d) Me duele la cabeza a menudo.

   (e) Tomo analgésicos de vez en cuando.

   (f) Tomo otros medicamentos de vez en cuando.

Actividad 7.4

1 Single /**r**/ sound: ja**r**abe, pa**r**a, Ma**r**ía, quie**r**o, pa**r**a, ca**r**a, dolo**r**es, quemadu**r**as, cu**r**a.

   Strong rolled /**rr**/: **R**amón, **r**emedio, pe**rr**o, **R**odolfo, co**rr**e, **R**afael, **r**onca, **r**uido.

E s p e j o Cultural

1 (a) – (iii), since an owner of a *farmacia* must be a university graduate; (b) – (i), as the image is of a duty rota; (c) – (ii), because there are some products (just!) visible in the shop window.

2 Here are some possible reflections:

(a) In the UK, and the USA, a commercial firm may own a chain of chemists.

(b) The rota system in the UK is not as widespread as in Spain or most countries in Latin America.

(c) The range of products sold or services provided in UK chemists is generally wider. In Spain you would have to go to a photographic shop to get photos developed.

Actividad 8.1

2 Habrá más actos terroristas. – **(g) Política**.

La educación se reformará completamente. – **(d) Educación**.

Se producirán grandes catástrofes naturales. – **(i) El tiempo**.

La gente vivirá más años – **(c) Medicina** (and perhaps **(h) Sociedad**).

Podrá consumirse droga legalmente. – **(h) Sociedad**.

Los coches funcionarán con hidrógeno. – **(b) Transporte**.

Los ordenadores sabrán 'pensar'. – **(f) Tecnología**.

El cáncer tendrá cura. – **(c) Medicina**.

Los libros electrónicos (e-books) sustituirán a los libros tradicionales. – **(f) Tecnología.**

3 The verbs in the future tense are: *habrá, (se) reformará, (se) producirán, vivirá, podrá, funcionarán, sabrán, tendrá, sustituirán.*

The irregular ones are: *habrá, podrá, tendrá, sabrán.*

Actividad 8.2

Isabel: saldré, dirá, harán, vendrán.

Patricio: pasaré, hará, habrá, tendré, saldré.

Actividad 8.3

1 (b) ¿Cómo será la familia dentro de 50 años?

(c) ¿Cómo serán los coches dentro de 50 años?

(d) ¿Cómo será la vida dentro de 50 años?

2 (a) – (i), (b) – (ii), (c) – (ii), (d) – (ii).

3 Here is a possible answer:

(a) El fin de semana que viene estaré con mi familia, iremos al campo.

(b) Dentro de tres meses hará calor en mi ciudad.

(c) El año que viene estudiaré más español.

(d) Dentro de cinco años tendré otro trabajo y viviré en una casa más grande.

E n p o c a s p a l a b r a s

Vocabulary development

1 (a) la ventana. (*The others can be turned on or off.*)

(b) la boca. (*The others can be raised or lowered.*)

(c) la política. (*The others can be won or lost.*)

2 Here are some possible answers:

(b) Pon la televisión, hay un programa que me interesa.

Quita la radio, este programa es muy aburrido.

(c) Levanta los brazos y respira hondo.

Baja los brazos y relaja el cuerpo.

(d) El partido *Sin fronteras* ha ganado las elecciones.

Mi equipo ha perdido el partido de fútbol.

SESIÓN 9

SOPA DE LETRAS

The words are: *estómago, espalda, muela, oído, cabeza, garganta, pie, pierna, brazo.*

EL CÓMIC

(a) Compraré un coche deportivo.

(b) Dejaré el trabajo.

(c) Viviré en el Caribe.

(d) Seguiré igual que siempre.

EL PEDANTE

Venga al Porte Inglés y **disfrute** las rebajas de enero.

Sea original: **escriba** a mano.

Ponga energía donde merece la pena.

Hable los minutos que quiera.

Estudie y **elija** su destino.

MI GRAMÁTICA

1

INFINITIVO	IMPERATIVO			
	tú	**vosotros**	**usted**	**ustedes**
ENTRAR	**entra**	entrad	**entre**	**entren**
BEBER	**bebe**	bebed	**beba**	**beban**
ESCRIBIR	**escribe**	escribid	**escriba**	**escriban**
SALIR	**sal**	salid	**salga**	**salgan**
PONER	**pon**	poned	**ponga**	**pongan**
VENIR	**ven**	venid	**venga**	**vengan**
TENER	**ten**	tened	**tenga**	**tengan**
IR	**ve**	id	**vaya**	**vayan**
PEDIR	**pide**	pedid	**pida**	**pidan**
VOLVER	**vuelve**	volved	**vuelva**	**vuelvan**

2

	HABLAR	BEBER	ESCRIBIR	VENIR	SALIR	PODER	PONER	HACER
yo	hablaré	beberé	escribiré	vendré	saldré	podré	pondré	haré
tú	hablarás	beberás	escribirás	vendrás	saldrás	podrás	pondrás	harás
él/ ella/ Ud.	hablará	beberá	escribirá	vendrá	saldrá	podrá	pondrá	hará

TEST CULTURAL

(a) – (i), (b) – (ii), (c) – (i) (There is also a city of Cuenca in Spain; many cities in colonial Spanish America were named after places in Spain, e.g. Córdoba in Argentina, Valencia in Venezuela, Trujillo in Peru.), (d) – (iii), (e) – (i), (f) – (ii).

MUSEO DE IMÁGENES

(a)   Verdadero.

(b)   Falso. (*It's 19th century.*)

(c)   Verdadero.

(d)   Falso. (*Their hands are not touching.*)

(e)   Falso. (*He has one hand raised.*)

(f)   Verdadero.

EL CANCIONERO

1   la playa, el mar, (bañaba), (calienta), el sol, la arena.

2   **Single /r/ sound**: María, sombrero, arena, para, pisara.

     Double /rr/ sound: guitarra, borré.

DOCUMENTAL

¿Cuándo?	¿Qué pueblo, personaje o entidad?	¿Que ocurre?
(138 aC)	(a) **Los romanos.**	Fundan Valencia.
s.VIII – s.XIII	(b) **Los árabes.**	Ocupan Valencia.
1238	El rey Jaime I.	(c) **Conquista Valencia.**
(d) s.**XV**, el siglo de oro valenciano.	El rey Alfonso el Magnánimo.	El comercio prospera, la lengua valenciana tiene prestigio.
s.XVIII	El gobierno de Madrid.	(e) Prohíbe el parlamento valenciano y el **uso público** de su lengua.
(f) **1982**	Valencia.	Recupera su autonomía política.

SESIÓN 10

Part A

Test your vocabulary

(a) Sombrero. (*The others are parts of the body.*)

(b) Pilas (= *batteries*). (*The others are machines / objects that can be switched on or off.*)

(c) Partido de fútbol. (*The others are directly related to politics.*)

(d) Jarabe. (*The others are ailments or medical conditions, not medicines.*)

(e) Nieve. (*The others are physical states, and can be used with* tener *to express how you feel physically.*)

(f) Infección. (*The others are remedies.*)

(g) Reloj. (*The others are issues relating to daily life or politics.*)

> **Revision** Go through the *Léxico básico* sections of each session and make sure you have learned the vocabulary in them.

Test your grammar

1. (a) ¿Se pueden sacar fotos?

   (b) ¿Se puede poner música?

   (c) ¿Puedo llamar por teléfono?

   (d) No se puede fumar.

   (e) Está prohibido comer aquí dentro. / Aquí dentro está prohibido comer.

> **Revision** You can revise these structures in *Sesión 1*. Listen to *Pista 2* again with the transcript and do the exercise in *Pista 3*.

2. (a) sonríe, (b) piensa, (c) come, (d) dedica, (e) duerme, (f) vive, abre, aprecia.

> **Revision** The *tú* form of the imperative is taught in *Sesión 2*.

3. (a) cierre, (b) apague (*note the spelling change as in* llegar → llegue), (c) limpien, (d) recojan (*as in* coger → coja), (e) suba, (f) cuide, (g) disfrute.

> **Revision** Go through *Sesión 4* and revise the *usted/ustedes* imperative. Remember that in Latin America only the *ustedes* form is used to give instructions to more than one person.

4. (a) tendrá, (b) podrán, (c) saldrán, (d) habrá, (e) harán, (f) vendrán, (g) estarán.

> **Revision** The future tense is taught in *Sesión 5* and irregular forms of it are in *Sesión 8*. You may find it useful to go through *Pistas 14, 21* and *22* again, focussing on stress patterns.

Part B

Test your listening skills

1. (a) – (ii), (b) – (i).

2. (a) Iris is told to open the door, Gema to shut the book and Edgar to read from page 158.

   (b) To open his mouth, put out his tongue and say 'aah'.

> **Revision** In order to practise your listening skills further, read the transcript of *Pista 25,* then listen to it again miming all the instructions that the children and the patient are given.

Part C

Test your writing skills

Here is a possible answer:

> Hola James:
>
> ¡Qué suerte tienes! Chile es un país muy interesante. Ahora tienes un año para aprender español bien. Aquí tienes cinco consejos que te pueden servir:
>
> Ve a clases de español en una academia cerca de casa.
>
> Haz un viaje por España o algún país de Latinoamérica.
>
> Intenta conocer a gente española o latinoamericana.
>
> Compra un disco compacto de música latinoamericana.
>
> Aprende a bailar salsa. ¡Es muy importante para tu español!

Part D

Test your communication skills

1. (a) **Public transport**: they will improve it; there will be more bus routes.

   (b) **Refuse collection / recycling**: the neighbourhood will be cleaner; they will provide (set up) more recycling containers.

   (c) The **local school** will not be closed down.

   (d) **Children's safety**: children will be able to play safely in the streets; the speed limit for cars will be 20 km per hour.

Revision Did you need to pause the CD many times to catch the information? At this level, it's best to listen to the whole *Pista* once without stopping, and then listen again, stopping after each piece of relevant information to jot it down.

2. Here is a possible answer:

> 3 de septiembre de 2004
>
> Querido Carlos:
>
> ¿Qué tal estás? Espero que bien.
>
> Ana y yo hemos decidido vivir en España con los niños. Iremos en enero.
>
> Viviremos en El Puerto de Santa María. Está en el sur de España, cerca de Cádiz, en la costa. Es un pueblo muy bonito y tiene playas preciosas.
>
> Alquilaremos un chalet cerca de la playa. Debe tener una vista muy bonita, tres dormitorios y un jardín.
>
> Yo daré clases de inglés y Ana estudiará español. Los niños irán a la escuela inglesa.
>
> En nuestro tiempo libre haremos muchas excursiones por la zona. Yo nadaré en el mar todos los días y pasearé por la playa. ¡Y aprenderé a hacer gazpacho!
>
> Pienso que este cambio será estupendo: aprenderemos español y conoceremos otra cultura.
>
> Bueno, escribe pronto.
>
> Un saludo
>
> Juan

Revision Go through the letter you wrote paying particular attention to:

(a) **Letter-writing conventions**: date, heading, farewell.

(b) **Grammar**: (i) verbs, especially the future tense; (ii) agreement between noun and adjective; (iii) consistency of the informal type of address (*tú*), since it is to someone close to you; (iv) use of prepositions.

(c) **Range of expression**: check that you do not repeat too many descriptive adjectives or nouns in close proximity.

2

Ida y vuelta

This unit will enable you to revise many of the language points and the vocabulary you have learned: how to describe places and say where they are, how to talk about daily routines and interests, how to describe people, make comparisons and talk about ongoing actions and about the future. This revision will be done through listening to the audio-drama *Ida y vuelta* and doing the related activities.

The storyline: Patricio and Isabel meet each other for the first time in Madrid, after their year in each other's country. A mutual friend put them in touch and a joint project was conceived of writing a book about their cross-cultural experiences in Chile and Spain. To discuss publication of the book, to be called *Viajes de ida y vuelta*, they are going to see an editor Isabel knows in Madrid.

In the audio-drama you will not only follow what the characters do in Madrid but you will find out about various aspects of the city: the main monuments of the city centre; Spain's own form of operetta, called *zarzuela*; some 19th century literary cafés; the local cuisine; and the most important festival of Madrid, the Feria de San Isidro.

OVERVIEW: IDA Y VUELTA, REVISION UNIT

Episode	Key revision points
1 EL ENCUENTRO	• Identifying and describing public places • Saying where places are • Asking for and giving personal information
2 ME ENCANTA LA ZARZUELA	• Talking about means of transport • Daily routines • Likes and interests
3 UN CAFÉ CON CARÁCTER	• Describing people • Making comparisons • Talking about what people are doing
4 LA SOBREMESA	• Ordering a meal in a restaurant • Talking about recent events • Talking about the past
5 VAMOS A BRINDAR	• Talking about plans for the immediate future • Giving and receiving instructions

This unit has a slightly different structure from previous units, since it has only five sections, called *episodios*, each based on one of the five episodes of the audio-drama. Each *episodio* is divided into *actividades*, like all the sessions of the coursebooks, but there are a few differences:

- The colour-tinted language notes in each *episodio* do not teach new language but focus on revision points drawn from the audio-drama. They are headed 'Do you remember how to...'

- There are no lists of *Léxico básico* in this unit since previously learned vocabulary is revised through the listening and accompanying activities. As throughout the course, the listenings contain additional vocabulary.

- Each *episodio* contains an extended cultural feature with the general heading of *Pinceladas de Madrid*, which literally means 'brushstrokes of Madrid' (in other words, 'tableaux' or 'sketches' of Madrid). This feature is denoted by an 'easel' icon, and unlike previous culture notes includes questions (with answers in the *Clave*), which are accompanied by a 'palette' icon.

Vocabulary	Cultural information
Public buildings and words for describing them: *famoso, moderno, elegante*, etc.	*Las radionovelas.* Monuments and landmarks in Madrid.
Everyday activities and cultural interests: *ir en metro, empezar el trabajo, ir al cine*, etc.	*La zarzuela.*
Physical appearance, character and clothes: *tiene barba, es muy simpática, lleva una falda azul*, etc.	*Tertulias.*
Names of courses and dishes: *de primero, de postre, cocido madrileño*, etc.	Typical cuisine of Madrid.
	The Feria de San Isidro.

Episodio 1
El encuentro

Patricio and Isabel meet for the first time, at a hotel in Madrid.

Key revision points
- Identifying and describing public places
- Saying where places are
- Asking for and giving personal information

Actividad 1.1 🎧

In this activity you are going to listen to the first episode of the drama series *Ida y vuelta*. Audio-dramas were very popular at one time in Spain.

LAS RADIONOVELAS

El gran éxito de la radio en la España de los años 50 y 60 fueron los seriales radiofónicos, más conocidos como "la novela". Las novelas de la radio, o "radionovelas", alcanzaron una gran popularidad de audiencia, especialmente entre el público femenino. De tema sentimental, estos seriales radiofónicos tenían muchos capítulos y mantenían la atención de las radio oyentes durante meses e incluso años. Intérpretes y autores gozaron de mucha fama.

Listen to the introduction to the audio-drama (*Pistas 33–34*) and to the three scenes of the first episode (*Pistas 35–38*). The following pictures are places mentioned in this episode. Put them in the order in which they are mentioned in the audio-drama.

Escuche el episodio y ponga las ilustraciones en orden.

(a)

Hotel (Westin) Palace

(b)

Palacio de
Villahermosa,
Museo Thyssen

(c)

Fuente de Cibeles y Correos al fondo

(d)

Museo del Prado

(e)

Aeropuerto de Barajas

Actividad 1.2 🎧

saca fotos
takes pictures

guía (el/la)
guide (person)

amable
kind

sonrisa (la)
smile

You are going to revise how to describe public places.

1 Here is a map of central Madrid. Listen to *Pistas 35–36* again and draw the route that Patricio's taxi takes from Atocha station (in the bottom right corner of the map). Remember that vehicles drive on the right in Spain.

Escuche e indique la ruta.

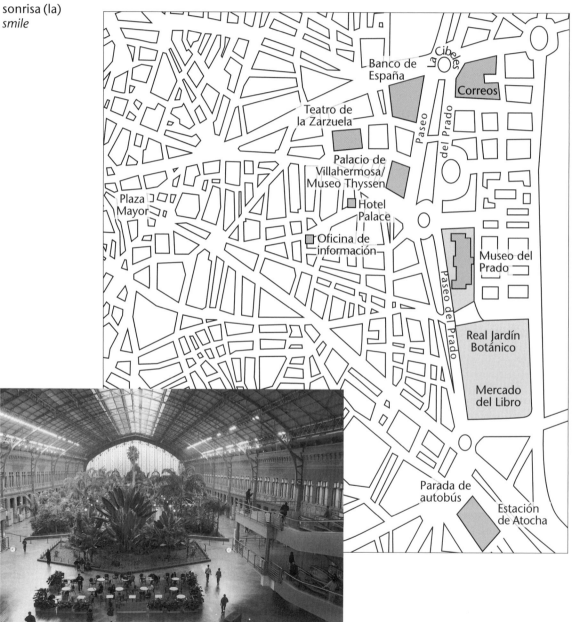

Estación de Atocha

DO YOU REMEMBER...

... how to identify and describe places?

Remember that *ser* is used with nouns to identify places:

¿Qué es este edificio? (Este edificio) es un museo.

To describe places, *ser* is used with adjectives. Remember, too, that adjectives agree with nouns in gender and number:

El paseo es ampli**o**.

Las avenidas son ampli**as**.

Adjective agreement: gender

Masculine ending	Feminine ending
-o (el paseo ampli**o**)	-a (la avenida ampli**a**)
-e (el edificio grand**e**)	-e (la casa grand**e**)
-consonant (el centro monumenta**l**)	*-consonant* (la calle monumenta**l**)

Adjective agreement: number

Singular ending	Plural ending
-vowel (el paseo ampli**o**)	-s (los paseos amplio**s**)
-consonant (el centro monumenta**l**)	-es (los centros monumental**es**)

For more details on adjective endings, see the section *Adjectives: agreement* in the grammar book.

Intensifiers

Adjectives may be preceded by an intensifier (e.g. 'very' – *muy*, 'quite' – *bastante*, 'a bit' – *un poco*) which is invariable:

La avenida es **muy** amplia.
Los paseos son **bastante** amplios.

La calle es	muy grande.
	bastante grande.
	un poco fea.

La calles son	muy grandes.
	bastante grandes.
	un poco feas.

2 Now you are going to revise vocabulary for describing places. For each of the places or buildings below there is one adjective that cannot be applied to it. Cross it out.

Tache el adjetivo intruso.

(a) La torre es...

fea • antigua • alta • baja • joven • redonda

(b) El museo es...

　　interesante • moreno • aburrido • moderno • famoso

(c) La calle es...

　　ancha • larga • ruidosa • baja • estrecha

(d) La iglesia es...

　　tímida • histórica • antigua • pequeña • enorme

(e) La plaza es...

　　tranquila • despistada • bonita • rectangular • grande

(f) La fuente es...

　　preciosa • grande • blanca • fea • gorda

3　Here are some questions about different places in Madrid. Look at the pictures in *Actividad 1.1* and choose the correct option below to form a complete sentence.

Elija y escriba.

Ejemplo

　　— ¿Qué es el Prado? (museo / palacio)

　　— *Es un museo.*

　　— ¿Cómo es? (famoso / pequeño)

　　— *Es muy famoso.*

(a)　— ¿Qué es La Cibeles? (calle / fuente)

　　　— ¿Cómo es? (bonito / feo)

(b)　— ¿Qué es Villahermosa? (iglesia / palacio)

　　　— ¿Cómo es? (precioso / barato)

(c)　— ¿Qué es Barajas? (aeropuerto / estación)

　　　— ¿Cómo es? (moderno / estrecho)

(d)　— ¿Qué es Westin Palace? (tienda / hotel)

　　　— ¿Cómo es? (sucio / elegante)

Pinceladas de Madrid

MADRID MONUMENTAL

sin orden	*unplanned, disorderly*
se desarrolla urbanísticamente	*develops as a city*
como	*like, such as*

Madrid es la capital de España desde 1561, con el rey Felipe II. Hasta el siglo XVII la ciudad es pequeña, sucia, con calles estrechas y sin orden. En el siglo XVII la capital se desarrolla urbanísticamente: se construyen grandes palacios como el Palacio del Buen Retiro, con su famoso parque (El Retiro), y plazas

rodea
surrounds

se conoce
como
it's known as

grandiosas, como la Plaza Mayor, concebida por el arquitecto Juan de Herrera. Esta plaza y la zona que la rodea se conocen como El Madrid de los Austrias.

En el siglo XVIII, especialmente con el rey borbón Carlos III, Madrid adopta una escala monumental de capital europea: se construyen el Palacio Real y la Puerta de Alcalá. El proyecto urbanístico más importante de Carlos III fue el Paseo del Prado, con el Museo de Ciencias Naturales (ahora el Museo del Prado), el Real Jardín Botánico y el Observatorio.

(Note: *El Madrid de los Austrias* refers to Madrid under the Habsburg kings Philip II, Philip III, Philip IV and Charles II.)

(a) When were the first large palaces and squares built in Madrid?

(b) Which part of Madrid is known as *El Madrid de los Austrias*?

(c) What did Carlos III do for Madrid?

Torres Kío

Plaza Mayor

Puerta de Alcalá

Palacio Real

Actividad 1.3 🎧 _____

mientras tanto
meanwhile

mostrador (el)
(information) desk

coja
take

parada de taxis
(la)
taxi rank

You are now going to revise structures for saying where places are.

1   Listen to *Pista 37*, where Isabel asks for directions at Barajas airport information desk. Say whether the following statements are true or false.

Escuche e indique: ¿verdadero o falso?

	Verdadero	Falso
(a) El Hotel Palace está en la Plaza de las Cortes.	❏	❏
(b) El autobús del aeropuerto va directo a la Plaza de las Cortes.	❏	❏
(c) La parada de taxis está a la salida de la terminal, a la derecha.	❏	❏

DO YOU REMEMBER...

... how to say where places are?

The verb *estar*, followed by a preposition or prepositional phrase, is used to say where places are:

El hotel está en el centro.

El hotel está cerca de aquí.

Prepositions expressing location	
entre	*between*
al lado de	*next to*
delante de	*in front of*
detrás de	*behind*
enfrente de	*opposite*
cerca de	*near to*
lejos de	*far from*

---

2   Refer to the map in *Actividad 1.2* and choose a preposition or prepositional phrase from the box below to say where the different places are in relation to each other. There is more than one possibility for some places, but try to avoid using the same one twice.

Utilice el mapa y diga dónde están estos lugares.

entre • delante de • al lado de • cerca de • lejos de • enfrente de

Ejemplo

La Plaza Mayor ⟷ Hotel Palace

La Plaza Mayor está lejos del Hotel Palace.

(a) Correos ⟷ Banco de España

(b) Teatro de la Zarzuela ⟷ Hotel Palace

(c) Real Jardín Botánico ⟷ Museo del Prado / Mercado del Libro

(d) parada de autobús ⟷ estación de Atocha

(e) oficina de información ⟷ Plaza Mayor

Actividad 1.4 🎧

After some confusion in the hotel lobby, Isabel and Patricio finally meet. First you are going to revise how to ask for and give personal information.

1 While still at the airport, Isabel answers some questions as part of a survey on travel habits. Here are her answers. Supply the missing questions. Use the formal style of address.

Escriba las preguntas.

Ejemplo

¿Cómo se llama?

Isabel.

(a) Colomer Quintana.

(b) Soy española.

(c) Vivo en Valencia.

(d) La calle Germanías, 15.

(e) 963 76 54 32

(f) i.colomer@expresiones.com

(g) Soy directora de teatro.

(h) Cincuenta y seis.

2 Listen to scene 3 of this episode *(Pista 38),* which takes place at the Hotel Palace. How can you tell that the person who is talking to the hotel receptionist is not the same Isabel who answered the questions at the airport in step 1?

Lea, escuche y compare.

Actividad 1.5 🎧

Now it's your turn to take part in a survey, this time on visitors' impressions of Madrid. Listen to *Pista 39* and do the exercise.

Escuche y participe.

Plaza de Colón

Torre de España

Episodio 2

Me encanta la zarzuela

Isabel and Patricio go to the publishing house to meet Miguel, the editor, and Marisa Rey, an illustrator, to discuss their book project. After these meetings, they decide to go out to see a *zarzuela*.

Key revision points

- Talking about means of transport
- Daily routines
- Likes and interests

Actividad 2.1 🎧

You are going to revise some vocabulary relating to leisure activities. You are also going to listen to the second episode of *Ida y vuelta*.

ocio (el)
leisure

1   Read about these four people's interests, then find an event that would suit each of them in the extract below from the *Guía del ocio*, (Madrid's version of *Time Out*).

Lea y busque en la Guía del ocio.

(a) "Me encanta el flamenco".

(b) "Me interesa mucho la zarzuela".

(c) "Me gustan las películas argentinas".

(d) "Me gusta ir a exposiciones de pintura".

(i) **Teatro Calderón**
La bailaora flamenca Sara Baras baila a García Lorca.
Música: Manolo Sanlúcar
Dirección: Lluís Pascual

(iii) **Cine**
Kamchatka
Drama, Argentina 2002
Dirección: Marcelo Peñeyro
Sala de cine: Chamartín Dehesa

(ii) **Zarzuela**
Los gavilanes
Autor: Jacinto Guerrero
Director: Antonio Amengual
Actores: Compañía Lírica Española

(iv) ***El arte en la corte de Felipe V***
Un acercamiento al arte cortesano del primer rey de la dinastía Borbón en España.
Museo del Prado

2 You are now going to listen to episode 2 of *Ida y vuelta (Pistas 40–43)*. First look at the following titles of the three scenes of the episode, which have words missing in them. Listen to the episode and use the jumbled words in the box to complete the title for each scene.

Escuche y encuentre el título apropiado.

entra   acción

tres   para

zarzuela   agenda

Escena 1: Pluto _____ en _____ .

Escena 2: Una _____ apretada.

Escena 3: _____ entradas _____ la _____ .

Actividad 2.2 🎧 _____

parada (la)
(bus) stop

Ahí está Miguel.
There's Miguel.

entradas (las)
tickets (for an event)

está despierta
you're awake

You are now going to revise the use of the verb *ir* with different prepositions.

1 Listen to *Pista 41* again and answer the following questions.

Escuche y conteste.

(a) ¿Adónde van Isabel y Patricio?

(b) ¿Quién está en la parada de autobús?

(c) Al final de la escena, Isabel dice "encantada". ¿Con quién habla?

DO YOU REMEMBER...

... how to say where you are going?

The verb *ir* may express direction and means of transport, depending on the prepositions it goes with:

– Voy a la playa.

– ¿Cómo vas?

– Voy en coche.

IR	
(yo)	voy
(tú)	vas
(él/ella/Ud.)	va
(nosotros, -as)	vamos
(vosotros, -as)	vais
(ellos/ellas/Uds.)	van

Prepositions to express direction and means of transport

Voy **a** la oficina.

Voy **al** parque.

Voy **en** metro.

Voy **a** pie.

De la parada **al** museo voy **en** metro.

2 Say where the different people below are going and how they are getting there, as shown by the illustrations.

Diga dónde va la gente y cómo.

Ejemplo

Ana

Teatro Zarzuela

Ana va al Teatro Zarzuela en taxi.

(a) Mercedes   Mercado

(b) mis hermanos   Chile

(c) Isabel y yo   Hotel

(d) yo   Hotel

(e) usted   Museo

(f) mi familia   Isla de Pascua

(g) mucha gente   Playa

Actividad 2.3 🎧 _____

Now you are going to practise talking about daily routines.

más adelante esa misma semana
later that week

a tiempo parcial
part time

¿Nos reunimos...?
Shall we meet...?

doy clases
I teach

1 Listen to *Pista 42* again and fill in the following diary pages with the things Marisa and Patricio will be doing in the week. If they have this conversation on Saturday, which day will they meet?

Escuche y rellene las hojas de la agenda de Marisa y Patricio.

Marisa

Sábado	
Domingo	
Lunes	
Martes	
Miércoles	
Jueves	
Viernes	

Patricio

Sábado	
Domingo	
Lunes	
Martes	
Miércoles	
Jueves	
Viernes	

DO YOU REMEMBER...

... how to talk about daily routines?

Days of the week

The days of the week are masculine and are used with the definite article in the plural, when talking about habits and routines:

Los lunes recojo a los niños del colegio.

Times

To tell the time, simply use *son las...* (or *es la...* for one o'clock).

¿Qué hora es?

Son las dos de la tarde.

Es la una y media.

When stating the time at which something happens, use *a las...* (or *a la...* for one o'clock).

> ¿A qué hora sales del trabajo?
>
> Salgo del trabajo a las tres.
>
> Salgo a la una.

Parts of the day (in which something is done)	
por la tarde	
por la mañana	
por la noche	voy a ...
al mediodía	

2   Ready to revise the present tense? Below is a list of daily and weekly routine activities. Classify the following verbs in bold in the table below. The first has been done for you.

Clasifique los verbos.

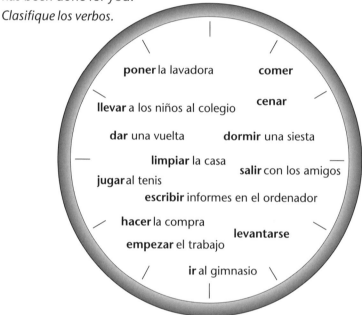

Regular -*ar*	Regular -*er*	Regular -*ir*	Radical changing	Irregular	Reflexive
...	...	...	...	poner	...

3   Write down the first person singular and plural of each verb from the table above. You may wish to read the section *The Present Tense* in the grammar book before you do this.

Escriba la primera persona.

Ejemplos

empiezo / empezamos

4   Now choose five activities from the circle in step 2 which are applicable to your own habits. Write five sentences with these phrases in the present tense, indicating when you do them.

Escriba frases.

Ejemplo

Empiezo el trabajo a las nueve de la mañana.

Actividad 2.4 🎧 _____

You are now going to revise how to express likes and interests.

1   Listen to *Pista 43* and correct the false information in the following table.

Escuche y corrija la tabla.

	Las películas de ciencia ficción	El rock (español)	La ópera	La zarzuela
A Isabel...	no le gustan mucho	le interesa	le gusta un poco	le encanta
A Patricio...	le encantan	le gusta mucho	no le interesa mucho	

In the left margin:

¡Qué pena!
What a pity!
¿cierto?
Really? / Is that so?
despierto/a
awake

DO YOU REMEMBER...

... how to express likes and interests?

Gustar-type verbs are used in the third person to express likes and interests. If the object of the liking is plural (e.g. *las películas*), *gustar* is plural as well (*gustan*). The pronoun before it (*me, te, le*, etc.) indicates the person who does the liking:

Me gusta el cine.   (I like films.)

Me gustan las películas europeas.   (I like European films.)

me te le nos os les	gusta interesa gustan interesan	mucho poco	la ópera / ir al teatro las películas

Note that the pronoun (*me, te, le*, etc.) is compulsory, even if the person who does the liking is specifically mentioned:

A Patricio le encantan las películas de ciencia ficción.

2　Now use either *gustar, interesar* or *encantar* to say whether or not you like each of the cultural events mentioned in step 1.

Diga cuáles son sus preferencias.

Ejemplo

No me gustan las películas de ciencia ficción.

ir de compras
to go shopping

3　Listen to *Pista 44* and do the exercise, which is about leisure time.

Escuche y conteste.

Pinceladas de Madrid

LA ZARZUELA

Teatro de la Zarzuela

Pabellón de caza, Parque del Retiro

netamente
purely

escenas (las)
scenes

costumbres (las)
customs

pabellón de caza (el)
hunting lodge

estaba
was

rodeado de zarzas
surrounded by brambles

La zarzuela es un género teatral-musical netamente castellano, un tipo de opereta alegre y divertida. Sus escenas habladas y cantadas reflejan las costumbres, tradiciones y personajes populares madrileños. Su origen es del siglo XVII. En Madrid en tiempos del rey Felipe IV (1621–1665) el pabellón de caza real se empezó a usar para representaciones cómicas musicales. Este pabellón de caza estaba en las afueras de Madrid, y rodeado de zarzas. "Zarzuela" viene de "zarza". Entre las zarzuelas más conocidas están *La verbena de la paloma* de Tomás Bretón, *La revoltosa* del maestro Chapi y *Los gavilanes* de Jacinto Guerrero.

(a) How is the *zarzuela* similar both to an opera and a play?

(b) When and where did the *zarzuelas* start?

(c) Where does the name *zarzuela* come from?

Episodio 3
Un café con carácter

In this session Isabel and Patricio have a relaxing Sunday out in Madrid, first in the Retiro Park, and then at an old literary café.

Key revision points

- Describing people
- Making comparisons
- Talking about what people are doing

Palacio de Cristal, Parque del Retiro

Bar típico del casco antiguo de Madrid

Actividad 3.1 🎧

anteojos (los)
(LAm)
glasses

¿Qué pasa...?
*What's going
on...?*

está ganando
is winning

In each of the illustrations below there is one detail that does not correspond to the third episode of *Ida y vuelta*. Listen to *Pistas 45–48*, and spot the mistakes.

Escuche y encuentre los errores.

(a)

Foto de Rocío

(c)

Isabel habla con Miguel por el móvil...

LA CONTAMINACIÓN DE VALENCIA SUPERA LOS NIVELES DE CONTAMINACIÓN DE MADRID

Miguel en un bar

Actividad 3.2 🎧

Now you are going to revise how to describe people.

1 Complete the following mind map using the words from the box.

Complete el esquema.

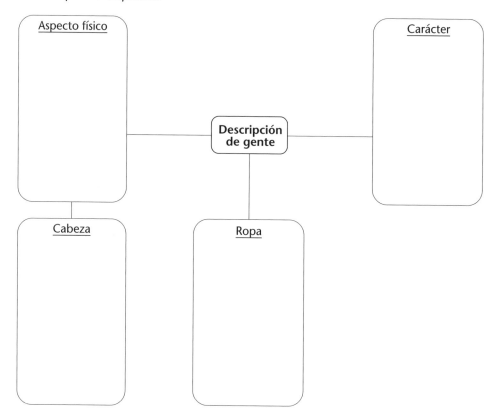

Aspecto físico

Carácter

Descripción de gente

Cabeza

Ropa

alto bajo gordito delgado mayor
joven guapo moreno rubio
barba bigote feo divertido
aburrido gracioso despistado
serio simpático abierto vestido
falda camisa vaqueros pantalones
zapatos chaqueta abrigo
pelo rizado   pelo liso
ojos claros   ojos oscuros

DO YOU REMEMBER...

... how to describe people?

To ask about someone's physical appearance or character, *¿cómo es...?* is used. For example, *¿Cómo es Juan?* means 'What does Juan look like?' as well as 'What is Juan like (in character)?'

Ser + adjective(s) or *tener* + noun(s) are used to describe people:

> María es alta.

> Juan tiene barba y bigote.

> Marta es muy simpática.

To talk about what clothes someone is wearing, the verb *llevar* is used:

> ¿Qué lleva María hoy? Lleva una falda azul y una camisa roja.

2 Look at this photograph of Rocío and describe her clothes and what she looks like.

Mire y describa la foto.

3 Now listen to *Pista 46* again. Could the photograph be the one Patricio is looking for?

Escuche y decida.

4 Listen to *Pista 46* once again and write down the following information about Rocío.

Escuche y escriba esta información.

(a) Nacionalidad: _____ .

(b) Trabajo: _____ .

(c) Estado civil: _____ .

(d) Hijos: _____ .

(e) Carácter: _____ .

fácil
easy
yo diría
I would say
valiente
brave

Actividad 3.3 🎧

Now you are going to practise making comparisons.

1 Listen to *Pista 47* again and write **+** (more), **−** (less) or **=** (the same), in either the Madrid or Valencia column, according to the comparisons Patricio and Isabel make between the two cities. The first has been done for you.

¡hombre!
(here: an expression of surprise when seeing someone)

pero si hoy es...
but today is...

el partido de la temporada
the match of the season

Calle Ruzafa, Valencia

La Gran Vía, Madrid

Escuche y complete la tabla.

	Madrid	**Valencia**
Tranquila		+
Pequeña		
Tráfico		
Contaminada		
Museos, teatros, cafés antiguos		
Divertida		

DO YOU REMEMBER...

... how to make comparisons?

The following structures are used to make comparisons:

Valencia es **más grande que** Málaga.

Valencia tiene **más habitantes que** Málaga.

Valencia es **tan bonita como** Málaga.

Valencia tiene **tantos atractivos como** Málaga.

> más + *adjective / noun* + que
> menos + *adjective / noun* + que
> tan + *adjective* + como
> tanto/a/os/as + *noun* + como
> mejor que
> peor que

atractivo (el)
appealing feature

2   Now write six sentences comparing Madrid with Valencia, using the answers from step 1. Start the comparison with Madrid.

Compare Madrid con Valencia.

Ejemplo

Madrid es menos tranquila que Valencia.

Actividad 3.4 🎧 _____

Yo soy del Real Madrid.
I'm a Real Madrid supporter.

Now you are going to revise talking about ongoing actions.

1   Listen to *Pista 48* again and choose the correct option in each case.
    Escuche y elija la opción correcta.

(a) Marisa está _____ el periódico.
     (i) leyendo   (ii) escribiendo   (iii) comprando

(b) Miguel está _____ un partido de fútbol.
     (i) jugando   (ii) escuchando   (iii) viendo

(c) El público está _____ .
     (i) riendo   (ii) bailando   (iii) celebrando

DO YOU REMEMBER...

... how to talk about ongoing actions?

To talk about ongoing actions, the verb *estar* is used with the present participle to form the present progressive tense:

El Real Madrid está ganando.

Present participles

Regular
bailar → bailando
comer → comiendo
escribir → escribiendo

Radical changing (-*ir* verbs)
dormir → durmiendo
sentir → sintiendo
reír → riendo
pedir → pidiendo

Spelling change
leer → leyendo
construir → construyendo
ir → yendo

2   Change the verbs in the following sentences into the present progressive tense.

Transforme las siguientes frases.

Ejemplo

Marisa toma café.

Marisa está tomando café.

(a) Isabel habla con Miguel.

(b) Patricio lee la historia del café.

(c) Miguel ve un partido de fútbol.

(d) Pluto duerme en un cojín.

(e) Unos clientes piden refrescos.

(f) El camarero sirve los cafés.

(g) Una señora hace un crucigrama.

3   Now listen to *Pista 49* and do the exercise.

Escuche y conteste.

Pinceladas de Madrid

a ver si te veo
I wonder if I can see you

creo que ya te veo
I think I can see you now

voy a correr
I'm going to run

me he equivocado
I've made a mistake

Café Gijón

LOS CAFÉS DE MADRID Y SUS TERTULIAS

a lo largo de
throughout

desarrollo (el)
development

puerta de entrada (la)
doorway

En Madrid, la tradición de las tertulias o conversaciones informales sobre literatura, arte, política, etc., en los cafés empezó en el siglo XIX. A lo largo del siglo XIX y XX estos cafés tuvieron un rol muy importante en el desarrollo de la vida cultural e intelectual de la capital. Por ejemplo, el Café Pombo en la calle Carretas fue famoso por las tertulias con Federico García Lorca, Luis Buñuel o Salvador Dalí. Fue la puerta de entrada del surrealismo y el dadaísmo en España.

Salvador Dalí en una entrevista, mayo de 1959

El Café Gijón fue fundado en 1888. Después de la Guerra Civil española (1936–1939) escritores españoles como Antonio Buero Vallejo, Camilo José Cela, Antonio Gala o Enrique Jardiel Poncela tuvieron aquí sus tertulias. Es uno de los pocos cafés literarios abiertos hoy en día.

hoy en día
nowadays

(a) What is a *tertulia*?

(b) What role did Madrid cafés play?

(c) Can you name some well-known Spanish writers who held *tertulias* in the Café Gijón?

Episodio 4
La sobremesa

Isabel and Miguel go out for a meal – and in Madrid there is plenty of choice. Here they sample some of the city's traditional cuisine, as well as *la sobremesa*, the customary relaxed chat among friends after a meal that makes an occasion of it.

Key revision points

- Ordering a meal in a restaurant
- Talking about recent events
- Talking about the past

Actividad 4.1

You are going to listen to the fourth episode of *Ida y vuelta*. But first, some revision of vocabulary relating to food.

1 Here are some of the dishes on offer at the Mesón Elvira. Place each of them under the appropriate category of the menu.

Ponga los platos en el menú.

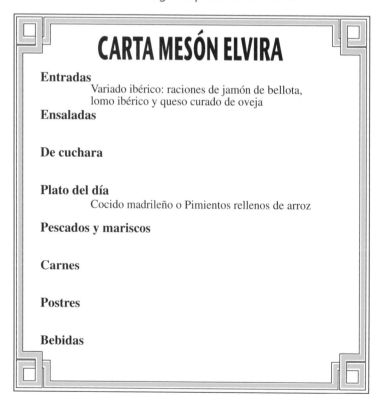

CARTA MESÓN ELVIRA

Entradas
  Variado ibérico: raciones de jamón de bellota, lomo ibérico y queso curado de oveja

Ensaladas

De cuchara

Plato del día
  Cocido madrileño o Pimientos rellenos de arroz

Pescados y mariscos

Carnes

Postres

Bebidas

Fruta del tiempo

Refrescos

Vino de la casa

Cordero asado

Merluza Mesón Elvira

Chuletas de cerdo

Escalope de ternera de Ávila

Ensalada de tomates

Ensalada de arroz

Flan de la casa

Gambas al ajillo

Agua mineral

Mousse de naranja

Crema de champiñones

Sopa de verduras

Pinceladas de Madrid

LA COCINA MADRILEÑA

las razones por
las que
the reasons why

cocido (el)
stew

garbanzos (los)
chickpeas

col (la)
cabbage

puerros (los)
leeks

morcilla (la)
black pudding

platos
separados
separate dishes

caldo (el)
broth

La situación geográfica de Madrid, en el centro del país, y el diseño de infraestructura "radial" de las comunicaciones en España son las razones por las que en Madrid siempre se ha comido el mejor pescado y las mejores verduras del país. Sin embargo, el plato rey de Madrid es el cocido madrileño. Hay muchas variedades de cocidos pero básicamente tiene garbanzos, col, puerros, chorizo y morcilla. Se cocina lentamente y se suele comer en platos separados: primero el caldo, luego las verduras, y por último la carne.

(a) Why is it that the best fish in Spain can be eaten in Madrid?

(b) What is special about how the *cocido madrileño* is eaten?

(c) Without looking back at the text, mention three of the ingredients of *cocido madrileño*.

no lo sabe
he doesn't know

pide
orders/asks for

cuenta
tells

2   Now listen to the fourth episode of the radio series *Ida y vuelta* (*Pistas 50–53*) and complete the following statements about each scene.
    Escuche y complete.

(a) Isabel quiere probar el cocido madrileño pero _____ .

(b) Isabel ha estado en la Cuesta de Moyano y _____ .

(c) Miguel e Isabel se conocieron en _____ .

Actividad 4.2

Isabel and Miguel are now in the Mesón Elvira.

¿Ya están listos?
Are you ready?

¿Qué lleva...?
What does (it) have in it?

1   Listen to *Pista 51* and make a note of all the dishes mentioned.
    Escuche y tome notas.

2   Now imagine you are in the Mesón Elvira. Look at the menu in 4.1, step 1, and choose a meal for yourself.
    Escoja del menú.

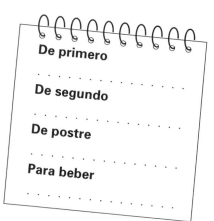

De primero

· · · · · · · · · · · · · · · ·

De segundo

· · · · · · · · · · · · · · · ·

De postre

· · · · · · · · · · · · · · · ·

Para beber

· · · · · · · · · · · · · · · ·

Actividad 4.3

Now you are going to practise talking about recent events.

mientras
while

¡Qué buena idea!
What a good idea!

juntos
together

1   Listen to *Pista 52* and tick the actions Patricio and Isabel carried out in the morning.
    Escuche y marque con una cruz.

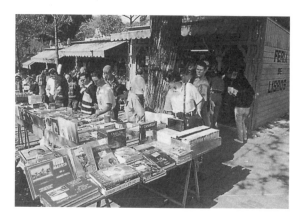

Puesto de libros antiguos en la Cuesta de Moyano

(a) Han paseado por Madrid. ❑

(b) Han tomado café en la Plaza Mayor. ❑

(c) Han ido al Parque del Retiro. ❑

(d) Han ido al Jardín Botánico. ❑

(e) Han comprado libros antiguos en la Cuesta de Moyano. ❑

DO YOU REMEMBER...

... how to talk about recent events?

To talk about recent events, the present perfect is used ('I have (done)...').
This tense is formed with *haber* in the present simple + past participle.

HABER

(yo)	he
(tú)	has
(él/ella/Ud.)	ha
(nosotros, -as)	hemos
(vosotros, -as)	habéis
(ellos/ellas/Uds.)	han

Past participles

Regular

trabajar → trabajado

comer → comido

vivir → vivido

Irregular

volver → vuelto

poner → puesto

hacer → hecho

escribir → escrito

ver → visto

2 Some friends are visiting Madrid and have made some plans for today. Imagine it's night-time now and they have stuck to their plans. Write down what they have done.

Lea los planes y escriba lo que han hecho hoy.

Círculo de Bellas Artes

Museo Nacional Centro de Arte Reina Sofía

Ejemplo

Esta mañana, Ana ha visto una exposición en el Centro de Arte Reina Sofía. Después…

Ana

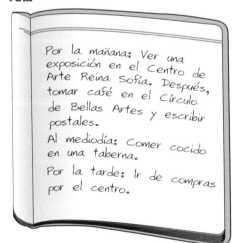

Por la mañana: Ver una exposición en el Centro de Arte Reina Sofía. Después, tomar café en el Círculo de Bellas Artes y escribir postales.

Al mediodía: Comer cocido en una taberna.

Por la tarde: Ir de compras por el centro.

Tomás y su mujer

Hacer una excursión a la Casa de Campo.

Ir al zoo.

Volver al hotel temprano y ver una zarzuela.

Actividad 4.4 🎧

Now you are going to find out more about the old romance between Miguel and Isabel, while practising using the preterite to talk about the past.

1   Read the following sentences in the preterite and write down the infinitives of the verbs.

   Lea y escriba los infinitivos.

   (a) Nací en Bogotá.

   (b) Vine a España en 1975.

   (c) Viví en Valencia diez años.

   (d) Yo formé un grupo de teatro en la universidad.

   (e) Fuimos novios tres años.

   (f) Conocí a Jaime.

   (g) Me casé.

   (h) Tuve un hijo.

   (i) Me divorcié.

   (j) Vine a trabajar a Madrid.

2   Listen to *Pista 53* and say which of the actions from step 1 can be ascribed to Miguel, which to Isabel and which to both of them.

   Escuche e indique.

nos hicimos novios
we became boyfriend and girlfriend

la mujer de mis sueños
the woman of my dreams

la perdí
I lost her

he tirado el café
I've spilt the coffee

DO YOU REMEMBER...

... how to talk about the past?

Time expressions used with the preterite	
ayer	*yesterday*
la semana pasada	*last week*
el año pasado	*last year*
hace tres meses	*three months ago*
en mil novecientos setenta y cinco	*in 1975*

G

3 Now look up the section on *The Preterite Tense: Formation* in the grammar book and complete the following table with the singular forms.

Complete la tabla.

	SER	TENER	HACER	ESTAR	IR
yo					
tú					
él/ ella/ Ud.					

	VENIR	TRABAJAR	CONOCER	VIVIR	CASARSE
yo					
tú					
él/ ella/ Ud.					

4 A friend of yours has been away, and wants to catch up on what you've been up to. Answer her questions, following the prompts below.

Conteste las preguntas utilizando el pasado.

Ejemplo

¿Qué hiciste ayer?

(ir al campo)

Ayer fui al campo.

(a) ¿Qué hiciste el fin de semana pasado?

(ir a Madrid con unos amigos)

(b) ¿Dónde estuviste la semana pasada?

(en Barcelona)

(c) ¿Cuándo hiciste la compra?

(ayer por la mañana)

(d) ¿Quién vino hace tres días?

(mi madre)

(e) ¿Cuándo fuiste a la playa?

(hace dos semanas)

(f) ¿Cuándo comiste con Ana?

(ayer)

Actividad 4.5 🎧

Listen to *Pista 54* and do the exercise. You are in a restaurant ordering a meal.

Escuche y participe.

Episodio 5
Vamos a brindar

Miguel organises a farewell party for Isabel and Patricio at which they all drink a toast to the success of the book.

Key revision points

- Talking about plans for the immediate future
- Giving and receiving instructions

Pinceladas de Madrid

LA FERIA DE SAN ISIDRO

se visten con
(they) dress in, wear

disfrutar de
to enjoy

rosco (el)
cake in the shape of a ringed doughnut

labrador (el)
peasant; labourer

los pobres
the poor

Con la primavera – el sol y el buen tiempo de día, el fresco de noche – Madrid se prepara para la principal fiesta del año: la Feria de San Isidro, el patrón de Madrid. El día de la feria, el 15 de mayo, muchos madrileños se visten con el traje típico de "chulapo" y "chulapa". Para disfrutar de las fiestas como un madrileño debe bailar el "chotis", el baile tradicional de Madrid, debe comprar "rosco del Santo", el dulce típico, y tiene que beber "agua del Santo" porque previene los resfriados. ¡Y al mediodía tiene que comer un plato de cocido madrileño gratis!

San Isidro fue un labrador de Madrid que ayudó mucho a los pobres. Es uno de los pocos santos casados, y el día 15 hay procesiones con la imagen del santo y su mujer.

(a) What do you need to do if you wish to behave like a local in the Feria?

(b) Who was San Isidro?

Actividad 5.1 🎧

un brindis
a toast

brindar por
algo
to drink to sth,
toast sth

Now for the last episode of *Ida y vuelta*.

Each of the sketches on the opposite page illustrates a scene or incident from the last episode of *Ida y vuelta* (*Pistas 55–58*). Listen to the episode, put the illustrations in the correct order and write a caption for each of them.

Escuche, ordene los dibujos y escriba un título para cada uno.

Actividad 5.2 🎧

Now you are going to find out more about Carmelo, and why Miguel needn't be jealous of him. You will also revise talking about immediate plans.

echar de menos
to miss

tengo ganas de
ver
I'm looking
*forward to**
seeing

mi fiel
compañero
my faithful
companion, my
loyal partner

¡qué raro!
how strange

1   Listen to *Pista 56* again, then link the phrases in the column on the left with those in the column on the right to form sentences reflecting Isabel's plans.

Enlace.

(a)   Isabel va a...   (i)   ... preparar una comida.

(b)   La madre de Isabel va a...   (ii)   ... ver a su familia.

(c)   Isabel tiene ganas de...   (iii) ... estar con Aitor.

DO YOU REMEMBER...

... how to talk about the immediate future?

'*Ir a* + infinitive' is used to talk about plans for the immediate future and for predictable events:

Este fin de semana voy a descansar.

La semana que viene vamos a celebrar el santo de mi padre.

* Note that in other contexts *tener ganas de (hacer)* can mean 'to feel like (doing)'.

> **Time expressions relating to the future**
>
> este fin de semana
>
> mañana
>
> la semana que viene
>
> el año que viene
>
> el lunes, el martes, etc.
>
> dentro de dos semanas

(a)

(b)

(c)

(d)

2 Now you are going to find out about Patricio's plans. Here is an e-mail to his friend Roberto. Use the appropriate form of *'ir a'* to fill the gaps. The first has been done for you.

Complete este correo electrónico

Hola Roberto:

¿Qué (tú) <u>vas a</u> hacer este fin de semana? Ya sabes que llego mañana a Santiago. Mi familia _____ esperarme al aeropuerto y ya tengo planes para el sábado y el domingo. El sábado (yo) _____ pasear por el cerro de San Cristóbal, el Parque Metropolitano, etc. Echo mucho de menos las cumbres nevadas de los Andes, ¿sabes? Unos amigos _____ dar una fiesta el domingo por la noche y creo que (nosotros) _____ pasarlo muy bien. Ven a la fiesta, ¿te apetece?

Te llamaré el sábado,

Patricio

Volcán Puntiagudo, Región de los Lagos, Chile

repollo (el)
cabbage

aguacate (el),
palta (la) (SAm)
avocado

mostaza (la)
mustard

Actividad 5.3 🎧 _____

Now for some practice of the imperative.

1 Listen to *Pista 57* again and read the following recipe for *completos chilenos*, which is not quite exact. Write down, in English, the differences between the recorded and the written recipe.

Escuche y corrija en inglés.

Completos chilenos

Ingredientes:

Salchicha vienesa   Repollo

Tomate   Pan

Palta (aguacate)   Mayonesa, mostaza

Preparación:

Primero, toma un pan caliente y mete una salchicha sin cocinar. Luego corta unos tomates. Pon el tomate y el repollo también dentro del pan. Y por último coloca el pan con todos los ingredientes al grill.

mete
put in
sin cocinar
raw, uncooked

DO YOU REMEMBER...

... how to give instructions (formal and informal)?

One way of giving instructions or making recommendations is to use the imperative form of the verb. The *ustedes* form is the only plural form used in Latin America; it is used for both formal and informal contexts.

The imperative

	Informal		Formal	
	tú	**vosotros**	**usted**	**ustedes**
hablar	habla	hablad	hable	hablen
comer	come	comed	coma	coman
vivir	vive	vivid	viva	vivan
ir	ve	id	vaya	vayan
ser	sé	sed	sea	sean
poner	pon	poned	ponga	pongan
salir	sal	salid	salga	salgan
hacer	haz	haced	haga	hagan
tener	ten	tened	tenga	tengan
pedir	pide	pedid	pida	pidan

See also the section *Imperative and Polite Commands* in the grammar book.

2 Here is one of the many versions of *cocido madrileño*. Read it and rewrite the instructions about how to cook the *cocido* as if you were telling a friend how to do it. Use the *tú* form of the imperative.

Reescriba las instrucciones.

tocino (el)
belly fat

trozo de jamón (el)
piece of ham

a fuego lento
over a low heat

olla (la)
(tall) cooking pot

Cocido madrileño

Ingredientes

½ kg. de garbanzos

100 gr. de tocino

1 trozo de jamón

½ kg. de carne

100 gr. de chorizo

1 morcilla

1 zanahoria

1 puerro

½ kg. de patatas

1 repollo

fideos

(**El día anterior:** poner los garbanzos en agua fría.)
Meter en una olla la carne, el tocino y los garbanzos.
Añadir 2 litros de agua.
Dejar cocer a fuego lento 2 horas.
Cocer el chorizo aparte.
En otra olla, hervir el agua y echar la verdura.
Preparar la sopa con el caldo y los fideos.
Servir la sopa, los garbanzos, las carnes y las verduras en platos separados.

Actividad 5.4

You are spending a year in Madrid and have invited a Chilean friend of yours to stay with you for the Feria de San Isidro. She has sent you the following e-mail with some questions about Madrid and the Feria. Read it, then complete the second e-mail, which is your reply to her queries. Use any of the information you have learned about Madrid to fill the gaps. (Only two gaps represent single words.)

Lea y complete.

Hola Jane:

Gracias por invitarme a Madrid en la Feria de San Isidro. Tengo muchas ganas de ir a España. La verdad es que sé muy poco sobre Madrid, y tengo algunas preguntas muy básicas y simples para ti:

– ¿Cómo es Madrid? ¿Qué hay?
– ¿Qué planes tienes para salir por la noche?
– Y ¿cómo es la Feria? ¿Qué vamos a hacer en la Feria?
– ¿Qué tiempo hace en Madrid en primavera? ¿Qué ropa debo llevar?
Bueno, siento hacerte tantas preguntas, ¡es que nunca he estado en España o Europa!

Chaíto

Querida Gabriela:

Tengo muchas ganas de verte. Aquí te mando la información que me pediste.

Yo creo que Madrid te va a encantar. Es una ciudad con mucha vida, _____. Hay museos famosos como el _____. También hay _____ …, muchas cosas.

Por la noche iremos algún día a ver una _____ , son como operetas españolas. También iremos a restauantes, _____… ¡Vamos a pasarlo muy bien!

La feria de San Isidro es muy _____. Tenemos que bailar el _____ , el baile típico de aquí, y tú vas a probar el _____. No eres vegetariana, ¿verdad? También vamos a _____ipar a no tener resfriados!

En primavera hace _____ en Madrid. Hace sol pero no hace mucho calor. Tienes que traer ropa ligera (_____) pero también tienes que meter jerséis y chaquetas en la maleta.

Bueno, tengo muchas ganas de verte. Hasta pronto.

Un fuerte abrazo

Actividad 5.5

As a farewell to the book and the course, why not sing along with Isabel and drink a toast to everyone!

Listen to *Pista 58* and join in when Isabel sings the chorus. Then repeat the toast with the other guests. Use the transcript if you wish.

Escuche, cante si lo desea y ¡brinde!

Clave

Actividad 1.1

The correct order is: (d), (b), (c), (e), (a).

Actividad 1.2

1 Patricio's taxi route is shown by arrows.

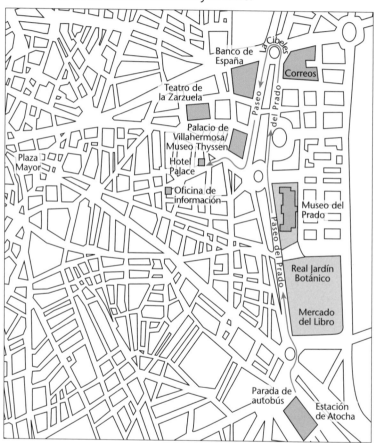

2 (a) *joven* only applies to living things (people, animals, plants, etc.)

(b) *moreno* is an adjective used to describe people, meaning 'dark-haired' or 'dark-skinned'.

(c) *baja*. (A street is not usually described as 'low').

(d) *tímida*. (A church would not normally be described as 'shy'.)

(e) *despistada* is used to describe a person ('absent-minded').

(f) A fountain would not be described as *gorda* ('fat').

3 (a) Es una fuente. Es (muy) bonita.

(b) Es un palacio. Es precioso (*this adjective does not generally go with an intensifier*).

(c) Es un aeropuerto. Es (bastante) moderno.

(d) Es un hotel. Es muy elegante.

Pinceladas de Madrid

Madrid monumental

(a) In the 17th century (the Palace of the Buen Retiro with its park, and the Plaza Mayor were built then.)

(b) The area around the Plaza Mayor.

(c) He commissioned several large projects which changed Madrid into a European capital.

Actividad 1.3

1 (a) Verdadero.

   (b) Falso. (*The bus from the airport goes to the Plaza Colón.*)

   (c) Verdadero.

2 Here is a possible answer:

   (a) Correos está enfrente del Banco de España.

   (b) El Teatro de la Zarzuela está cerca del Hotel Palace.

   (c) El Real Jardín Botánico está entre el Museo del Prado y el Mercado del Libro.

   (d) La parada de autobús está delante de la estación de Atocha.

   (e) La oficina de información está lejos de la Plaza Mayor.

Actividad 1.4

1 (a) ¿Cuáles son sus apellidos?

   (b) ¿De dónde es? / ¿Cuál es su nacionalidad?

   (c) ¿Dónde vive?

   (d) ¿Cuál es su dirección?

   (e) ¿Cuál es su número de teléfono?

   (f) ¿Cuál es su dirección de correo electrónico?

(g) ¿En qué trabaja? / ¿Cuál es su profesión?

(h) ¿Cuántos años tiene?

2 The woman talking to the hotel receptionist give different details about herself.

Actividad 2.1

1 (a) – (i), (b) – (iii), (c) – (ii), (d) – (vi).

2 Scene 1: *Pluto **entra** en **acción**.*

   Scene 2: *Una **agenda** apretada.*

   Scene 3: ***Tres** entradas **para** la **zarzuela**.*

Actividad 2.2

1 (a) Van (a las oficinas de la editorial) a las Torres Kío en la Plaza de Castilla.

   (b) Miguel, el editor (un antiguo amigo de Isabel.).

   (c) Con Pluto, el perro de Miguel.

2 (a) Mercedes va al mercado en autobús.

   (b) Mis hermanos van a Chile en avión.

   (c) Isabel y yo vamos al hotel en tren.

   (d) (Yo) Voy al hotel andando / a pie.

   (e) Usted va al museo en metro.

   (f) Mi familia va a la Isla de Pascua en barco.

   (g) Mucha gente va a la playa en coche.

Actividad 2.3

1 Here are the diary commitments that Marisa and Patricio mention.

Marisa

Lunes: (Recoger) niños del colegio (a las 5)

Martes: Reunión de departamento

Miércoles: Clases en la universidad

Patricio

Jueves: Fiesta de Miguel

Viernes: Viaje a Chile

They decide to meet on the Sunday.

2

Regular -ar	Regular -er	Regular -ir	Radical changing	Irregular	Reflexive
cenar llevar limpiar	comer	escribir	dormir jugar empezar	poner dar salir hacer ir	levantarse

3   ceno / cenamos, llevo / llevamos, limpio / limpiamos, como / comemos, escribo / escribimos, duermo / dormimos, juego / jugamos, empiezo / empezamos, pongo / ponemos, doy / damos, salgo / salimos, hago / hacemos, voy / vamos, me levanto / nos levantamos.

4   Here are some possible sentences:

Me levanto a las seis de la mañana.

Empiezo el trabajo a las nueve.

Como a las dos y media.

Doy una vuelta por el parque por la tarde.

Los miércoles voy al gimnasio.

Actividad 2.4

1   The corrected information is shown in bold:

	Las películas de ciencia ficción	El rock (español)	La ópera	La zarzuela
A Isabel...	no le gustan mucho	**no le gusta nada**	le gusta **mucho**	le encanta
A Patricio...	le encantan	le gusta mucho	no le interesa mucho	

2   Here is a possible answer:

Me encanta el rock.

No me interesa la ópera.

Me gusta mucho la la zarzuela.

Pinceladas de Madrid

(a) It has sung scenes and spoken scenes.

(b) They started in Madrid, in Philip IV's hunting lodge, in the 17th century.

(c) *Zarzuela* comes from the word for 'bramble' (*zarza*): the hunting lodge was surrounded by them.

Actividad 3.1

According to the audio-drama:

(a) Rocío does not wear glasses.

(b) Valencia is less polluted than Madrid.

(c) Miguel is watching the football match in the stadium, not in a bar.

Actividad 3.2

1   **Aspecto físico:** alto, bajo, gordito, delgado, mayor, joven, guapo, feo.

Cabeza: moreno, rubio, pelo rizado, pelo liso, ojos claros, ojos oscuros, barba, bigote.

Carácter: divertido, aburrido, gracioso, despistado, serio, simpático, abierto.

Ropa: vestido, falda, camisa, vaqueros, pantalones, zapatos, chaqueta, abrigo.

2 Here is a possible answer:

Es morena, tiene el pelo largo y rizado. Es joven y guapa. Lleva un vestido negro y zapatos negros.

3 Yes, there is nothing in the audio that contradicts the photograph: it says that Rocío is dark, has long hair and dark eyes, and is young. She is wearing a black dress and black shoes.

4 (a) **Nacionalidad:** colombiana.

(b) **Trabajo:** camarera (en un bar del centro de Valencia).

(c) **Estado civil:** divorciada.

(d) **Hijos:** dos (niños pequeños).

(e) **Carácter:** alegre, abierta, positiva, valiente.

Actividad 3.3

1

	Madrid	Valencia
Tranquila		+
Pequeña		+
Tráfico		−
Contaminada		−
Museos, teatros, cafés antiguos	+	
Divertida	=	=

2 Here is a possible answer:

Madrid es menos tranquila que Valencia.

Madrid es más grande que Valencia.

Madrid tiene más tráfico que Valencia.

Madrid está más contaminada que Valencia.

En Madrid hay más museos, teatros, cafés antiguos, etc., que en Valencia.

Madrid es tan divertida como Valencia.

Actividad 3.4

1 (a) – (i), (b) – (iii), (c) – (iii).

2 (a) Isabel está hablando con Miguel.

(b) Patricio está leyendo la historia del café.

(c) Miguel está viendo un partido de fútbol.

(d) Pluto está durmiendo en un cojín.

(e) Unos clientes están pidiendo refrescos.

(f) El camarero está sirviendo los cafés.

(g) Una señora está haciendo un crucigrama.

Pinceladas de Madrid

Los cafés de Madrid y sus tertulias

(a) A gathering of artists and intellectuals to discuss literature, art, politics, etc.

(b) Cafés played an important role in developing the intellectual and cultural life of the city. Famous writers and artists such as García Lorca, Buñuel and Dalí met in the Café Pombo, which was considered the gateway of Surrealism and Dadaism into Spain.

(c) Antonio Buero Vallejo, Camilo José Cela, Antonio Gala and Enrique Jardiel Poncela held *tertulias* there in the period after the Spanish Civil War.

Actividad 4.1

1

Carta Mesón Elvira

Entradas
Variado ibérico

Ensaladas
Ensalada de tomates
Ensalada de arroz

De cuchara
Sopa de verduras
Crema de champiñones

Plato del día
Cocido madrileño o
Pimientos rellenos de arroz

Pescados y mariscos
Merluza Mesón Elvira
Gambas al ajillo

Carnes
Chuletas de cerdo
Cordero asado
Escalope de ternera de Ávila

Postres
Fruta del tiempo
Flan de la casa
Mousse de naranja

Bebidas
Refrescos
Vino de la casa
Agua mineral

Pinceladas de Madrid

(a) Fish (and other produce) can reach Madrid very quickly from all coastal areas because the communication systems all converge on the city, which is in the geographical centre of the country.

(b) It is eaten as separate dishes: first the broth, then the vegetables, and finally the meat.

(c) Typical *cocido madrileño* ingredients include: *chorizo, col, garbanzos, morcilla y puerros*.

2 (a) ... no puede porque es vegetariana y el cocido lleva carne.

(b) ... ha comprado un libreto antiguo de una zarzuela.

(c) ... la universidad (en Valencia), en el grupo de teatro.

Actividad 4.2

1 The dishes mentioned are: *jamón de la casa*, *sopa de verduras*, *cordero asado* and *cocido madrileño*.

2 Here is a possible answer:

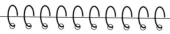

De primero
Sopa de pescado

De segundo
Chuletas de cerdo

De postre
Flan de la casa

Para beber
Vino de la casa

Note: if you ordered *cocido madrileño*, that would probably do as first, second and third course!

Actividad 4.3

1 (a), (d), (e).

2 Después, **[Ana]** ha tomado café en el Círculo de Bellas Artes y ha escrito postales. Al mediodía ha comido cocido en una taberna. Por la tarde ha ido de compras por el centro.

Tomás y su mujer han hecho una excursión a la Casa de Campo y han ido al zoo. Han vuelto al hotel temprano y han visto una zarzuela.

Actividad 4.4

1 (a) nacer, (b) venir, (c) vivir, (d) formar, (e) ser, (f) conocer, (g) casarse, (h) tener, (i) divorciarse, (j) venir.

2 **Miguel**: (a), (b), (c), (j)
Isabel: (d), (f), (g), (h), (i)
Miguel e Isabel: (e).

3

	SER	TENER	HACER	ESTAR	IR
yo	fui	tuve	hice	estuve	fui
tú	fuiste	tuviste	hiciste	estuviste	fuiste
él/ella/ Ud.	fue	tuvo	hizo	estuvo	fue

	VENIR	TRABAJAR	CONOCER	VIVIR	CASARSE
yo	vine	trabajé	conocí	viví	me casé
tú	viniste	trabajaste	conociste	viviste	te casaste
él/ella/ Ud.	vino	trabajó	conoció	vivió	se casó

4   (a) El fin de semana pasado fui a Madrid con unos amigos.

(b) La semana pasada estuve en Barcelona.

(c) Hice la compra ayer por la mañana.

(d) Mi madre vino hace tres días.

(e) Fui a la playa hace dos semanas.

(f) Comí con Ana ayer.

Episodio 5

Pinceladas de Madrid

(a) Dance the *chotis*, buy the traditional cake, drink the Saint's water, and eat *cocido* at lunchtime.

(b) A peasant from Madrid who helped the poor. He is one of the few married saints (in the Catholic tradition).

Actividad 5.1

The correct order is: (d), (b), (a), (c).

Here are some possible captions for the four illustrations:

(a) *Isabel, cantante* or *Canta Isabel*

(b) *Patricio y Marisa en la cocina* or *Cocineros de primera*

(c) *El brindis*

(d) *Isabel y Miguel charlan*

Actividad 5.2

1   (a) – (iii), (b) – (i), (c) – (ii).

2   Here is the completed e-mail.

Hola Roberto:

¿Qué **vas a** hacer este fin de semana? Ya sabes que llego mañana a Santiago. Mi familia **va a** esperarme al aeropuerto y ya tengo planes para el sábado y el domingo. El sábado **voy a** pasear por el cerro de San Cristóbal, el Parque Metropolitano, etc. Echo mucho de menos las cumbres nevadas de los Andes, ¿sabes? Unos amigos **van a** dar una fiesta el domingo por la noche y creo que **vamos a** pasarlo muy bien. Ven a la fiesta, ¿te apetece?

Te llamaré el sábado,

Patricio

Actividad 5.3

1 In the **recorded recipe**, the sausage is cooked (*cocinada*), not raw (*sin cocinar*), and the *completo* is not grilled before serving. It also specifies that you need to add the avocado, mayonnaise and mustard.

2 El día anterior: **pon** los garbanzos en agua fría.

Mete en una olla la carne, el tocino, y los garbanzos.

Añade 2 litros de agua.

Deja cocer a fuego lento 2 horas.

Cuece el chorizo aparte.

En otra olla, **hierve** agua y **echa** verdura.

Prepara la sopa con el caldo y los fideos.

Sirve la sopa, los garbanzos, las carnes y las verduras en platos separados.

Actividad 5.4

Here is a possible answer:

Querida Gabriela:

Tengo muchas ganas de verte. Aquí te mando la información que me pediste.

Yo creo que Madrid te va a encantar. Es una ciudad con mucha vida, **muy grande, antigua y monumental**. Hay museos famosos como el **Prado o el Reina Sofía**. También hay **teatros, monumentos, parques preciosos, mercados de libros antiguos**... muchas cosas.

Por la noche iremos algún día a ver una **zarzuela**, son como operetas españolas. También iremos a restaurantes, **teatros, conciertos de rock**... ¡Vamos a pasarlo muy bien!

La Feria de San Isidro es muy **animada y divertida**. Tenemos que bailar el **chotis**, el baile típico de aquí, y tú vas a probar el **cocido madrileño.** No eres vegetariana, ¿verdad? También vamos a beber **agua del Santo** ¡para no tener resfriados!

En primavera hace **muy buen tiempo** en Madrid. Hace sol pero no hace mucho calor. Tienes que traer ropa ligera (**camisetas, vaqueros, vestidos de verano**) pero también tienes que meter jerséis y chaquetas en la maleta.

Bueno, tengo muchas ganas de verte. Hasta pronto.

Un fuerte abrazo

Jane

Transcripciones CD 6

[Pista 1]

[The music which starts and ends CD6 is a Cuban song called *Solongo*, which is about the beauty of Latin America and Cuba's brotherhood with Africa. During the 16th and 17th centuries Cuba was one of the main destinations of the African slave trade, and African influence is evident in the rhythms of Cuban music.]

> (Mi verso amanece, tiene sabor a campos en libertad,
> Y América trae un grito con voz de tierra, sol y verdad,
> De lejos viste rumores hechos de ríos, selva y coral,
> Y en noches de cimarrones la luna llena (se ve) su mar.
> Solongo, por la madrugada...)

This is the CD for Book 6 of the Open University Spanish course for beginners, *Portales*.

Este es el Compacto de actividades de Portales 6.

Pista 2

The Colegio Mayor Lluís Vives is a well known hall of residence in Valencia. In this extract one of the students wants to know what's allowed and what's forbidden in the Colegio's library. Listen to what she finds out.

Escuche las preguntas de una estudiante.

(a) – Oiga, perdone, ¿se puede fumar aquí?

– No, está totalmente prohibido.

(b) – Erm, perdón, ¿se puede comer aquí dentro?

– No, está prohibido.

(c) – Perdone, ¿se puede tocar?

– Por supuesto.

(d) – Oiga, perdone, ¿se pueden sacar fotos?

– Sí, sí, sí.

(e) – Erm, perdón, ¿se puede mirar?

– Sí, (*laughter*) hombre, ¡claro que sí!

Pista 3

Now it's your turn to find out what you can and can't do in hall. Listen to the example and follow the prompts.

Pregunte si las siguientes actividades están permitidas.

Ejemplo

(llamar por teléfono)

¿Se puede llamar por teléfono?

Ahora usted:

– (recibir llamadas telefónicas)
– ¿Se pueden recibir llamadas telefónicas?

– (recibir visitas)
– ¿Se pueden recibir visitas?

– (poner música)
– ¿Se puede poner música?

– (cocinar)
– ¿Se puede cocinar?

– (tener perros)
– ¿Se pueden tener perros?

Pista 4

You've ordered a taxi to travel home from a friend's house. While you're waiting, ask your friend if it's OK to do certain things. Follow the prompts.

Pida permiso según las indicaciones.

Ejemplo

(quiere bajar la radio)

¿Puedo bajar la radio?

Sí, por supuesto.

Ahora usted:

- (necesita llamar por teléfono)
- ¿Puedo llamar por teléfono?
- Sí, claro.

- (quiere pasar al cuarto de baño)
- ¿Puedo pasar al cuarto de baño?
- Sí, ¡cómo no!

- (quiere abrir la ventana)
- ¿Puedo abrir la ventana?
- Sí, sí.

- (necesita usar internet)
- ¿Puedo usar internet?

Pista 5

Two friends, Conchita and Dorothy, are listening to a selection of traditional music from the Spanish-speaking world. Can you guess the style and origin of each piece before Dorothy does?

Escuche estas tres muestras de música española y latinoamericana. ¿Cómo se llaman y de dónde son?

Conchita Dorothy, te voy a poner un poco de música. Escucha y dime qué música es y de qué país. ¿Vale?

Dorothy Sí, sí, de acuerdo.

(a) (*music*)

Dorothy Sí, sí, esto es flamenco. Es de España, de Andalucía, ¿no?

Conchita Sí, muy bien. Ahora escucha esto.

(b) (*music*)

Dorothy ¡Qué bonito! Esto es un tango, de Argentina y Uruguay, ¿no?

Conchita Sí, claro, y por último...

(c) (*music*)

Dorothy ¡Uy, qué ritmo! Esto es una cumbia, ¿no? Su origen es colombiano.

Pero no sé bailar cumbias. No sé bailar salsa.

Conchita Pues ven, vamos a una clase de salsa. Venga, vamos...

Pista 6

The two friends are now in a *salsa* class. Listen to the teacher's instructions.

Escuche las instrucciones del profesor de salsa.

Bien, eso es, cada uno con su pareja.

Mira a tu pareja. Eso es.

Muy bien, muy bien.

Toma la mano de tu chica, sí. Así, muy bien.

Ahora, da un paso adelante... eso es... y ahora con el otro pie, da un paso hacia atrás. Vamos, adelante: un, dos, tres; hacia atrás: cuatro, cinco, seis.

Un, dos, tres; cuatro, cinco, seis.

Mueve las caderas. Así, muy bien.

Un, dos, tres; cuatro, cinco, seis.

Arriba, arriba, vamos con esas caderas.

Vamos, muy bien.

Un, dos, tres; cuatro, cinco, seis.

Pista 7

Now, imagine a friend of yours is a bit tense. Teach him to relax. Use the prompts to give instructions.

Enseñe a un amigo a relajarse según las indicaciones.

Ejemplo

(cerrar ojos)

Cierra los ojos.

Ahora usted:

- (tensionar hombros)
- Tensiona los hombros.

- (relajar hombros)
- Relaja los hombros.

- (levantar brazos)
- Levanta los brazos.

- (bajar brazos)
- Baja los brazos.

- (respirar hondo)
- Respira hondo.

- (ahora, abrir ojos)
- Muy bien. Ahora, abre los ojos.

Pista 8

El Rastro is Madrid's famous Sunday flea market. It's a great place for bric-a-brac and antiques. See if you can guess what the following objects are before we give the answer.

Escuche los sonidos de estos objetos antiguos. ¿Qué objetos son?

(a) (*sound*)   Una máquina de escribir.

(b) (*sound*)   Una máquina de fotos.

(c) (*sound*)   Una máquina de coser.

(d) (*sound*)   Un reloj de pared.

(e) (*sound*)   Un tocadiscos. ¡Qué bonito!

Pista 9

Conchita shows a friend an antique she's bought in El Rastro.

Escuche la conversación entre Conchita y un amigo.

Conchita   Mira, aquí está. ¿Qué te parece?

Amigo   ¡Uy, es precioso! Y es muy antiguo, ¿no? ¿Puedo probarlo?

Conchita   Sí, sí, claro.

Amigo   Pero... no funciona.

Conchita   Que sí, hombre, pero primero tienes que enchufar.

Amigo   Ah, ya. Es eléctrico.

Conchita   Pues, sí, claro. Después tienes que levantar esta tapa, ¿ves?

Amigo   Ajá, muy bien, levanto la tapa, y ¿qué?

Conchita   Pues muy fácil, luego pones el disco por este agujero. Y entonces colocas la aguja.

Amigo   O sea, pongo el disco, y por último coloco la aguja. ¡Fantástico!

Pista 10

Someone is going to tell you how an old camera works. Make sure you understand what to do by repeating each instruction, as in the example.

Escuche esta explicación y repita las instrucciones.

Ejemplo

Primero, abre esta tapa.

O sea, abro esta tapa, ¿no?

Ahora usted:

- Eso es. Pues ahora mete el carrete.

- O sea, meto el carrete, ¿no?

- Sí, muy bien, y luego cierra la tapa de la máquina.

- O sea, cierro la tapa, ¿no?

- Ajá, y después pasa el carrete.

- O sea, paso el carrete, ¿no?

- Sí, y quita la tapa del objetivo.

- O sea, quito la tapa, ¿no?

- Y por último, enfoca el objetivo.

- O sea, enfoco el objetivo, ¿no?

- Y ya está. A ver, sonríe. Di "patata", "patata"...

Pista 11

Now, here are three examples of somebody giving instructions. See if you can guess where you might hear them before we tell you.

Escuche e identifique estas situaciones.

(a) "Viaje a Ecuador. Viajes organizados económicos en la agencia de viajes Ecuatur. ¡Reserve su billete ya!"

Es un anuncio de radio.

(b) "Ahora mismo no podemos atenderle. Por favor deje su mensaje después de oír la señal. Gracias."

Es el mensaje de un contestador automático.

(c) "En preparación para el aterrizaje, abróchense los cinturones, pongan el respaldo de su asiento en posición vertical y su mesa plegada."

En un avión.

Pista 12

In this exercise we want you to give a series of recommendations to visitors going to Ecuador. In each case change the infinitive into the imperative form. Follow the example.

Transforme los infinitivos.

Ejemplo

(arrendar un carro)

Arriende un carro.

Ahora usted:

- (visitar la ciudad de Cuenca)
- Visite la ciudad de Cuenca.

- (explorar la selva amazónica)
- Explore la selva amazónica.

- (comer cebiche)
- Coma cebiche.

- (beber agua mineral)
- Beba agua mineral.

- (ir a los mercados indígenas)
- Vaya a los mercados indígenas.

Pista 13

Now listen to some young people talking about politics.

Escuche estas entrevistas.

(a) – Y la política, ¿te interesa?

- No mucho.

- ¿No has votado nunca?

- Sí. En las generales y en las locales.

- ¿Y piensas votar otra vez?

- Sí.

(b) – ¿Te interesa la política?

- No.

- ¿No has votado nunca?

- Sí.

- ¿Y piensas votar otra vez?

- Sí, votar sí que votaré, pero tampoco estoy muy de acuerdo con la política.

(c) – Sí, me interesa la política. No he votado aún porque no he tenido la edad pero sí que... sí que pienso votar.

Pista 14

The friend you share a house with is going away on a trip, and wants to make sure you'll keep everything under control while she's away. Answer these questions to reassure her. Listen to the example first.

Conteste las preguntas.

Ejemplo

Bueno, y... ¿ordenarás la casa?

Sí, ordenaré la casa.

Ahora usted:

- ¿Irás al mercado?
- Sí, iré al mercado.

- ¿Fregarás los platos?
- Sí, fregaré los platos.

- ¿Lavarás la ropa?
- Sí, lavaré la ropa.

- ¿Sacarás la basura?
- Sí, sacaré la basura.

- ¿Regarás las plantas?
- Sí, regaré las plantas. Esto... y tú, ¿cuándo vuelves?

Pista 15

Listen to these dialogues about health matters.

Escuche los diálogos sobre cuestiones de salud.

(a) — ¿Cómo te encuentras? ¿Tienes algún problema de salud?

     — Sí, me duelen mucho los pies.

(b) — ¿Señora González? Pase, pase. Siéntese aquí.

     — Gracias. Vale.

     — Dígame, y ¿como se encuentra hoy, señora González?

     — Pues, no muy bien. Me duele la cabeza y el estómago.

     — ¿Sí? ¿Tiene algún otro síntoma?

(c) — ¿Qué te duele?

     — Me duelen los pies y me duele muchísimo la cintura... y la espalda.

(d) — Bueno, y ¿qué le duele, señor Gómez?

     — ¡Ay!... me duelen las muelas. Me duele esta... esta muela de aquí.

     — Abra más la boca, a ver... ¿Cuál? ¿Ésta?

     — ¡Ayyyyyy!

Pista 16

Today you're feeling under the weather. Use the prompts to say what ails you.

Diga qué le duele según las indicaciones.

Ejemplo

(la cabeza)

Me duele la cabeza.

Ahora usted:

- (fiebre)
- Tengo fiebre.

- (la garganta)
- Me duele la garganta.

- (las muelas)
- Me duelen las muelas.

- (el oído)
- Me duele el oído.

- (resfriada)
- Estoy resfriada.

Pista 17

Here's a woman asking a chemist about different remedies.

Escuche a esta señora en una farmacia.

(a) — ¿Tiene algo para el dolor de cabeza?

     — Sí que tenemos. Paracetamol o aspirina.

(b) — ¿Tiene algo para las picaduras de mosquitos?

     — Sí, tenemos unas cremas y lociones también.

(c) — ¿Y para la tos, qué tiene?

     — ¿Para niños?

     — Sí.

     — Pues hay jarabes, supositorios y gotas.

Pista 18

Now it's your turn to go to a chemist. Follow the prompts to ask for different things.

Pida diferentes remedios según las indicaciones.

> ### Ejemplo
>
> (dolor de garganta)
>
> ¿Tiene algo para el dolor de garganta?

Ahora usted:

– (la tos)
– ¿Tiene algo para la tos?

– (el dolor de cabeza)
– ¿Tiene algo para el dolor de cabeza?

– (el catarro de niños)
– ¿Tiene algo para el catarro de niños?

– (la insolación)
– ¿Tiene algo para la insolación?

– (las picaduras de mosquitos)
– ¿Tiene algo para las picaduras de mosquitos?

Pista 19

Here's some pronunciation practice of the /r/ sound. See whether you can distinguish between the soft /r/, as in *jarabe*, and the rolling /rr/, as in *remedio*.

Escuche: ¿ere o erre?

(a) Un jarabe para María.

(b) Ramón no tiene remedio.

(c) Quiero una crema para la cara.

(d) El perro de Rodolfo corre mucho.

(e) Los dolores de las quemaduras tienen cura.

(f) Rafael ronca, ¡qué ruido!

Pista 20

Carry on practising the soft /r/ sound by singing along to this traditional Spanish song, *La Tarara*.

Escuche la canción La Tarara.

> La Tarara sí, la tarara no,
> La Tarara madre que la quiero yo.
>
> Tiene la Tarara unos pantalones,
> Que de arriba abajo todo son botones.
>
> La Tarara sí, la tarara no,
> La Tarara madre que la quiero yo.
>
> Tiene la Tarara un vestido verde,
> Lleno de volantes y de cascabeles.
>
> La Tarara sí, la tarara no,
> La Tarara madre que la quiero yo.
>
> Tiene la Tarara un vestido blanco,
> Que solo se pone en el Jueves Santo.
>
> La Tarara sí, la tarara no,
> La Tarara madre que la quiero yo.

Pista 21

Imagine you've had a career change and have taken up fortune-telling! The trick is to persuade your clients that whatever they like they're going to get more of. So now follow the example and predict the future...

Prediga el futuro de su cliente.

> ### Ejemplo
> Ahora soy feliz.
> Usted será más feliz.

Ahora usted:

– Tengo muchos amigos.
– Usted tendrá más amigos.

– Ahora salgo mucho.
– Usted saldrá más.

– Hago muchas excursiones.
– Usted hará más excursiones.

- Ahora puedo viajar bastante.
- Usted podrá viajar más.

- Hay mucha armonía en mi familia.
- Habrá más armonía.

- Tengo un marido bueno.
- Tendrá más maridos buenos.
- Pero bueno, ¿qué dice? ¿Más maridos? ¡Yo no quiero más maridos!

Pista 22

Now here are some more people looking into the future.

Escuche estas predicciones sobre el futuro.

(a) – ¿Cómo será el trabajo dentro de 50 años?
 – El trabajo dentro de 50 años será con muchas más comodidades que las que hay actualmente.

(b) – ¿Cómo será la familia dentro de 50 años?
 – Pues yo pienso que las familias dentro de 50 años serán más reducidas.

(c) – ¿Cómo serán los coches dentro de 50 años?
 – ¿Eh... los coches dentro de 50 años? Me imagino que serán aéreos.

(d) – ¿Cómo será la vida dentro de 50 años?
 – Será muy diferente. Será más chévere.

Pista 23

Now our friends from El Café Juglar get together again to sing a popular Spanish song from the 70s.

Escuche a los amigos cantar esta canción española de los años 70.

> La playa estaba desierta,
> El mar bañaba tu pie,
> Cantando con mi guitarra
> Para ti, María Isabel.

> Coge tu sombrero y póntelo,
> Vamos a la playa,
> Calienta el sol.
> Coge tu sombrero y póntelo,
> Vamos a la playa,
> Calienta el sol.

> Chiriviriví, porompompóm,
> Chiriviriví, porompompóm,
> Chiriviriví, porompompóm,
> Chiriviriví, porompompóm.

> En la arena escribí tu nombre,
> Y luego yo lo borré,
> Para que nadie pisara,
> Tu nombre, María Isabel.

> Coge tu sombrero y póntelo,
> Vamos a la playa,
> Calienta el sol.
> Coge tu sombrero y póntelo,
> Vamos a la playa,
> Calienta el sol.

> Chiriviriví, porompompóm,
> Chiriviriví, porompompóm,
> etc.

Pista 24

DOCUMENTAL
La historia de Valencia

It's time for the last in our documentary series En portada. *In this episode you are going to learn something about the history of Valencia and the surrounding region.*

Hola a todos y bienvenidos a *En Portada*. En el último programa de esta serie, ¿qué tal un poco de historia?

Valencia es la capital de la Comunidad Valenciana. El gobierno autonómico de la Comunidad Valenciana se llama la Generalitat y su historia es muy, muy antigua.

Vamos a empezar este recorrido histórico con la ocupación romana. Los romanos nos dan su lengua, el latín, y fundan la ciudad de Valencia, o para ellos *Valentia*, en el año 138 antes de Cristo.

Otro momento clave de la historia valenciana y española en general, es la llegada de los árabes. Los árabes ocupan Valencia entre los siglos VIII y XIII.

En el año 1238, un rey cristiano de Aragón, Jaime I, conquista Valencia. El escritor valenciano Josep Piera nos habla de Jaime I.

> Uno de los símbolos de Valencia es Jaime I. ¿Quién fue y qué hizo?

> Jaime I, para mí Jaume I, es el rey de la corona de Aragón que conquista Valencia a los árabes, a los musulmanes.

Jaime I conquista Valencia. Valencia forma ahora parte de Aragón pero conserva su independencia política.

Y llegamos al siglo XV, el siglo de oro valenciano. El comercio por el Mediterráneo prospera, y la lengua valenciana tiene gran prestigio literario. Josep Piera nos habla de esta época.

> El siglo XV es el siglo de oro, podríamos decir, de la ciudad de Valencia. El rey es Alfonso el Magnánimo, que en aquel momento es también rey de Nápoles, y a su alrededor de cerca o lejos existe una... una gran corte muy cultivada de... de artistas de todo tipo.

Es una época de esplendor para Valencia. El rey Alfonso el Magnánimo tiene una corte de artistas italianos, músicos andaluces, pintores, escritores en la lengua valenciana, etcétera.

Pero en el siglo XVIII el gobierno de Madrid prohíbe el parlamento valenciano y el uso público de la lengua valenciana.

En 1982 Valencia recupera su autonomía política con la creación del gobierno autonómico, la Generalitat Valenciana.

Y con la democracia y la autonomía, Valencia, que es como dice la canción, "la tierra de las flores de la luz y del amor", vuelve a vibrar en todo su esplendor.

Pista 25

Here are two people giving instructions in different situations.

Escuche las instrucciones de estas dos personas.

(a) Iris, abre la puerta. Gema, cierra el libro. Noelia, saca tus colores. Edgar, lee la página 158. Sergio, sal a la pizarra.

(b) Hola, buenas tardes. A ver, ponga su abrigo aquí. Tome asiento por favor. Abra la boca. Muy bien. Saque la lengua. Eso es. Diga "ahh".

Pista 26

Local elections are due to take place in your town. This is a speech by one of the candidates.

Escuche este discurso electoral.

> Y nosotros mejoraremos el transporte público: habrá más líneas de autobuses. El barrio estará más limpio: pondremos más contenedores de reciclaje. La escuela primaria del barrio no cerrará. Nuestros niños saldrán a jugar a la calle sin peligro: el límite de velocidad para los coches será 20 kilómetros por hora.

Pista 27

And now, *Español de bolsillo*. Here are all the phrases that are featured in this unit.

Ahora escuche las frases del Español de bolsillo *que aparecen en esta unidad.*

Perdone, ¿se puede fumar?

No, está prohibido.

Oiga, ¿se pueden sacar fotos?

Sí, por supuesto.

Pista 28

Mira aquí.

Pon la mano.

Toma esto.

Abre la ventana.

Pista 29

Beba agua mineral.

Coma mucha fruta.

Compre comida fresca.

Pista 30

Lavaré la ropa.

Limpiaré la casa.

Regaré las plantas.

Pista 31

¿Cómo te encuentras?

No muy bien, me duele la cabeza.

Tengo fiebre.

Tengo tos.

¿Qué te duele?

Me duele la garganta.

Pista 32

¿Tiene algo para el dolor de cabeza?

Y para los niños, ¿qué tiene?

Hay jarabes, supositorios y gotas.

Pista 33

IDA Y VUELTA

Now it's time for our new drama series, *Ida y vuelta.*

In this story, Patricio Bustos, a Chilean architect who's been living in Valencia for the last year, is about to go home to Chile. Before he returns, he's spending a week in Madrid where he'll see Isabel, the Valencian theatre director who's just spent 12 months in Chile. It'll be the first time they've met.

[Pista 34]

Y ahora le presentamos la serie radiofónica, *Ida y vuelta.* Una serie en cinco episodios con los siguientes personajes principales: Patricio Bustos, el arquitecto chileno; Isabel, la directora teatral valenciana; Miguel, el editor;

y Marisa Rey, la ilustradora...

– Guau, guau.

– ... ¡Uy!, y por supuesto, Pluto, el perro.

[Pista 35]

Episodio 1

[ESCENA 1]

Hoy es viernes. Es primavera y hace sol en Madrid. Patricio está en la estación de Atocha. Ha llegado de Valencia en el AVE. En la estación, Patricio coge un taxi. Va al Hotel Palace. El taxi pasa por monumentos y edificios famosos de Madrid, y Patricio saca fotos.

[Pista 36]

Patricio ¡Qué avenida más amplia! ¿Cómo se llama?

Taxista Es el Paseo del Prado. Usted no es de aquí, ¿no?

Patricio Eh... no, eh, yo soy chileno.

Taxista Ah, ya, pues mire, mire. Aquí a la derecha está el Museo del Prado. ¿Una foto?

Patricio ¡Ah! ¡El famoso Museo del Prado! Sí, sí, la foto.

Taxista Y aquí, a la izquierda, está el Palacio de Villahermosa, con el Museo Thyssen.

Patricio ¡Es muy bonito!

Taxista Esta fuente es La Cibeles.

Patricio ¿Qué fuente tan linda! Y este edificio, ¿qué es?

Taxista Es Correos.

Patricio ¡Qué grande!

Taxista Bueno, pues, aquí está su hotel.

Patricio ¡Qué elegante! Muchas gracias. Es usted un taxista y un guía muy amable. ¿Una foto? Sonría.

Taxista Uy, uy... ¡Qué bien! ¿Estoy bien así?

Patricio Sí, perfecto.

[ESCENA 2]

Mientras tanto, Isabel está en el aeropuerto de Barajas de Madrid. Ha llegado de Chile. Ella está en el mostrador de Información.

Isabel   Hola, buenas tardes.

Información   Buenas tardes.

Isabel   Mire, tengo una reserva en el Hotel Palace. ¿Sabe dónde está?

Información   Sí, claro, está en la Plaza de las Cortes.

Isabel   Ya, y ¿para ir a la Plaza de las Cortes...?

Información   Puede ir en autobús a la Plaza Colón.

Isabel   ¿La Plaza Colón?

Información   Sí, sí, y en la Plaza Colón coja el autobús número 9 hasta la Plaza de las Cortes.

Isabel   Ya, prefiero ir en taxi. ¿Dónde está la parada de taxis?

Información   A la salida de la terminal, a la derecha.

Isabel   De acuerdo. Gracias.

Información   Hasta luego.

Isabel   Adiós.

[Pista 38]

[ESCENA 3]

En el lobby del Hotel Palace, Patricio está esperando a Isabel. Pero ¿quién es Isabel? En la recepción hay una señora de unos 50 años, con mucho equipaje.

Recepcionista   Buenos días, señora. ¿Usted tiene reserva aquí en el hotel?

Mujer   Sí.

Recepcionista   Ajá, ¿y su nombre, por favor?

Mujer   Isabel.

Recepcionista   ¿De dónde es?

Mujer   Soy española.

Recepcionista   Ajá, ¿y dónde vive?

Mujer   Vivo en Valencia.

Recepcionista   ¿Cuál es su dirección?

Mujer   Calle Mayor, número 57.

Recepcionista   ¿Cuál es su teléfono?

Mujer   Mi teléfono es el 96 337 50 88.

Recepcionista   Su carnet de identidad o pasaporte, por favor.

Patricio   Eh... ¿Isabel? Yo soy Patricio, Patricio Bustos.

Mujer   ¿Sí? ¿Sí? Bueno, pues, encantada, yo...

Patricio   ¿Qué tal el viaje?

Mujer   Bien... el tren ha llegado bien... y...

Patricio   ¿El tren? ¿Desde Chile? ¿En tren?

Mujer   No, no, desde Chile, no.

Isabel   Perdone, ¿es usted Patricio? Soy Isabel.

Patricio   Ah, Isabel. ¡Qué confusión! Perdone, disculpe... Esta señora se llama Isabel...

Isabel   ¡Isabel Sanchís! ¡Qué casualidad! Es una amiga del colegio. Oye ¿pero cómo estás?

Isabel Sanchís   Muy bien.

Patricio   Pues, vamos a celebrar estos encuentros y reencuentros. Vamos al bar del hotel.

Isabel   Venga, vamos.

Pista 39

As part of a survey on tourists' impressions of Madrid, a researcher asks you some questions. Use the prompts to answer in complete sentences.

Conteste estas preguntas según las indicaciones.

Ejemplo

¿Cómo se llama?

(Give your own name.)

Me llamo Dorothy Fawcett.

Ahora usted:

- ¿De dónde es?
- (From Wales. You're Welsh.)
- Soy de Gales. Soy galesa.

- ¿Dónde vive?
- (In England, London.)
- Vivo en Inglaterra. Vivo en Londres.

- ¿En qué trabaja?
- (You work in a bank.)
- Trabajo en un banco.

- Ahora unas preguntas sobre Madrid. ¿Qué es La Cibeles?
- (It's a fountain.)
- Es una fuente.

- Y el Retiro, ¿qué es?
- (A park.)
- Es un parque.

- Y... ¿cómo es?
- (Very big and beautiful.)
- Es muy grande y bonito.
- Pues, eso es todo. Muchas gracias.

Pista 40

IDA Y VUELTA Episodio 2

Here's the second episode of the drama series, *Ida y vuelta.*

Patricio and Isabel are meeting the editor, Miguel Meana, at his office. He's an old friend of Isabel's. They want to talk about their idea of jointly publishing a book about their experiences in Chile and Valencia.

[Pista 41]

[ESCENA 1]

Hoy es sábado. Isabel y Patricio van en autobús a las oficinas de la editorial. Van a ver al editor, Miguel Meana, un antiguo amigo de Isabel.

Patricio   Entonces, ¿dónde vamos exactamente?

Isabel   Vamos a las Torres Kío, en la Plaza Castilla. Mira, ahí están.

Patricio   ¿Esas torres altas e inclinadas de cristal? ¡Son impresionantes! ¿De qué época son?

Isabel   Son de los años 90. ¡Ah! nuestra parada. Mira, ahí está Miguel.

¡Miguel! Hola, ¿cómo estás?

Miguel   Muy bien. ¿Qué tal el viaje?

Isabel   Bien, muy bien. Mira, este es Patricio.

Miguel   Hola, Patricio. Mucho gusto.

Patricio   Encantado.

Miguel   Sí, sí, ahora, ahora, ahora, bueno... este es Pluto, mi perro.

Isabel   Encantada, Pluto.

Patricio   Mucho gusto, Pluto.

[Pista 42]

[ESCENA 2]

En la oficina de la editorial, Patricio está con la ilustradora, Marisa Rey. Marisa quiere tener una reunión con Isabel y Patricio más adelante esa misma semana. Pero ¿cuándo? Ella trabaja en la editorial a tiempo parcial.

Patricio   ¿Nos reunimos el lunes por la tarde?

Marisa   Los lunes. No, no puedo. A las cinco recojo a los niños del colegio.

Patricio   Ah, ¿y el martes?

Marisa   A ver. No, no, los martes tengo reunión de departamento aquí.

Patricio   Ya, bueno. ¿Y el miércoles?

Marisa   Miércoles... miércoles. No, nada, imposible. Los miércoles doy clases en la universidad. ¿Y el jueves?

Patricio   El jueves... no, es la fiesta de Miguel. Y el viernes yo viajo a Chile y, bueno, Isabel vuelve a Valencia.

Marisa   Ya. ¿Y mañana? ¿Nos vemos mañana? Podemos ir a un café típico de Madrid, ¿vale?

Patricio   ¡Sí, estupendo!

[Pista 43]

[ESCENA 3]

Son las siete de la tarde. Isabel y Patricio están en el pasillo de las oficinas esperando el ascensor. Isabel está muy cansada del viaje de ayer. Quiere ir al hotel a dormir. Patricio quiere ver algún espectáculo en Madrid. Tiene la *Guía del ocio*, y propone distintos planes.

Patricio   A ver... cine. ¿Te gustan las películas de ciencia ficción?

Isabel   No, no me gustan mucho.

Patricio   ¡Qué pena! A mí me encantan. Y ¿te gustaría ir a un concierto de rock?

Isabel   No, no me gusta nada el rock.

Patricio   ¿Cierto? A mí me gusta mucho el rock español. Bueno, y ¿quieres ir a una ópera de Puccini?

Isabel   Pues, me gusta mucho la ópera, pero... las óperas son muy largas y...

Patricio   Bueno, a mí la ópera no me interesa mucho. Ah, el... el ascensor está aquí. ¿Vamos?

Miguel   Isabel, Patricio, ¡qué bien que están aquí! ¿Les gustaría ir a la zarzuela esta noche? Tengo tres entradas.

Isabel   Estupendo, me encanta la zarzuela.

Patricio   ¡Qué bien! ¡Isabel, ahora estás despierta!

Pasajero   Oiga, ¿entran en el ascensor o no entran?

Patricio   Disculpe. No, no, no, perdón.

Pista 44

A journalist from a radio station is conducting an interview for the programme *El fin de semana.* Follow the prompts to answer her questions.

Responda a las preguntas sobre El fin de semana *según las indicaciones.*

> ### *Ejemplo*
> ¿Qué hace los viernes por la noche?
>
> (salir con mis amigos)
>
> Salgo con mis amigos.

Ahora usted:

– ¿Qué suele hacer los sábados?
– (trabajar por las mañanas)
– Trabajo por las mañanas.

– ¿Y por las tardes?
– (ir de compras)
– Voy de compras.

– Y los domingos, ¿qué suele hacer?
– (jugar al tenis)
– Juego al tenis.

– ¿Qué música le gusta?
– (música clásica)
– Me gusta la música clásica.

– ¿Le gusta bailar?
– (no)
– No, no me gusta bailar.
– Bueno, muchas gracias.

Pista 45

IDA Y VUELTA Episodio 3

Next, our series *Ida y vuelta* finds Patricio and Isabel at a bar in El Retiro, the famous park in the centre of Madrid. The two of them are looking through photos they took during the year they spent in Valencia and Santiago. They want to choose some to put in the book.

[Pista 46]

[ESCENA 1]

Hoy es domingo por la mañana. Un día muy típico para pasear por el Retiro. Isabel y Patricio están en un bar del parque. Están mirando las fotos de Valencia y Santiago.

Patricio   A ver, a ver... ¿dónde está la foto de Rocío?

Isabel   ¿Quién es Rocío?

Patricio   Es una camarera colombiana que vive en Valencia y trabaja en un bar del centro.

Isabel   Pues, a ver. ¿Cómo es Rocío?

Patricio   Mira, es bajita, es morena, tiene el pelo largo, los ojos oscuros, y joven.

Isabel   Ah, ¿esta?

Patricio   No, no, en la foto lleva un vestido negro y zapatos negros, y no tiene anteojos. Ustedes dicen "gafas".

Isabel   Mmm, sí. ¿Por qué es especial Rocío?

Patricio   Pues su vida no es fácil. Es divorciada, con dos niños pequeños. Su ex-marido vive en Colombia. Y Rocío es muy alegre, abierta, positiva, yo diría valiente.

Pluto   Guau, guau, guau...

Isabel   ¡Pero si es Pluto! ¡Hola Pluto... Anda, y Miguel...

Miguel   ¡Hola Isabel! ¡Hola Patricio! ¡Qué bien! Hace un día estupendo, ¿verdad?

Isabel y Patricio   Sí, muy bonito.

[Pista 47]

[ESCENA 2]

Isabel y Patricio tienen que ir al Café Gijón. Tienen poco tiempo y cogen un taxi. Pero hoy hay mucho tráfico. ¿Qué pasa hoy?

Patricio   Taxi, taxi... ¡Es usted! ¡El mejor taxista y guía de Madrid!

Taxista   Hombre, y usted es el chileno. Bueno... estupendo. ¿Adónde vamos?

Patricio   Vamos al Café Gijón, en el Paseo Recoletos.

Taxista   Muy bien.

Patricio   Isabel, ¡qué tráfico tan horrible! Valencia es más tranquila, ¿no?

Isabel   Sí, claro. Valencia es más pequeña y tiene menos tráfico...

Patricio   Sí, y está menos contaminada.

Isabel   Sí, pero a mí me encanta venir a Madrid. Hay más museos, más teatros, más cafés antiguos...

Patricio   Bueno, sí, pero Valencia es tan divertida como Madrid.

Isabel   Sí, sí, pero...

Patricio   Pero oiga, ¿qué pasa hoy? Pero si hoy es domingo.

Taxista   Sí, pero hoy hay fútbol. Juega el Atlétic de Madrid contra el Real Madrid. ¡El partido de la temporada!

[Pista 48]

[ESCENA 3]

Nuestros dos amigos llegan al Café Gijón, en el centro de Madrid. Es un café literario muy antiguo. Marisa Rey, la ilustradora, está en el café.

Isabel   Hola, Marisa. Mira, siento... sentimos llegar tarde. Es que hoy hay fútbol y hay un tráfico terrible.

Marisa No pasa nada. Estoy muy tranquila y bien. Estoy tomando un café y leyendo el periódico. Y ustedes ¿tienen las fotos?

Isabel Perdón un momento. ¿Sí, dígame?

Miguel Hola... Isabel... Soy Miguel. ¿Dónde estás?

Isabel Pues, estamos en el Café Gijón. ¡Qué ruido! ¿Tú dónde estás?

Miguel Estoy en el estadio de fútbol. ¡Estoy viendo el partido de la temporada! Yo soy del Real Madrid, ¿sabes?

Isabel Ah, estás viendo el partido. ¿Quién está ganando?

Miguel Está ganando el Real Madrid, naturalmente. El público está celebrando. El partido ya casi va a terminar...

(Espectador ¡Gol!... ¡Gol!... Del Atlétic de Madrid... ¡Gol!...)

Isabel Miguel... Miguel, ¡no te oigo! Miguel, ¿estás ahí?

Pista 49

You're spending a Sunday morning in El Retiro when you get a call from a friend on your mobile. Use the prompts to answer his questions.

Un amigo le llama por teléfono. Conteste las preguntas según las indicaciones.

Ejemplo

Hola, soy Ricardo. ¿Qué estás haciendo?

(You're going for a walk with a friend.)

Estoy paseando con un amigo.

Ahora usted:

– Ah, sí. ¿Y esa música?

– (The band is playing.)

– La banda está tocando.

– ¿Y ese ruido?

– (Children are playing.)

– Los niños están jugando.

– Mira, yo también estoy en el parque. A ver si te veo. ¿Qué ropa llevas?

– (Jeans and a red jumper.)

– Unos vaqueros y un jersey rojo.

– ¿Y cómo es tu amigo?

– (He's tall and thin.)

– Es alto y delgado.

– Ah, creo que ya te veo. Estás un poco lejos. Voy a correr... ¡Hola! ¡Aquí estoy!

– ¿Cómo?

– Ah, lo siento, me he equivocado. Perdón.

Pista 50

IDA Y VUELTA Episodio 4

Now we continue the adventures of Isabel and Patricio in Madrid with Episode 4 of *Ida y vuelta*. Miguel wanted to invite his two friends to a restaurant that specializes in *jamón serrano*, *chorizos* and roasts. Patricio couldn't make it so only Isabel has turned up, and in order not to disappoint Miguel she hasn't told him that she's a vegetarian. Will she find anything on the menu she can eat?

[Pista 51]

[ESCENA 1]

Hoy es miércoles. Isabel está en el restaurante con el editor Miguel Meana. Ella es vegetariana, pero Miguel no lo sabe.

Miguel Bueno, Isabel, tienes que probar el jamón de la casa.

Isabel Ya, sí, em... prefiero una sopa.

Camarero ¿Ya están listos para pedir?

Isabel Sí, sí. De primero voy a tomar una sopa de verduras.

Miguel ¿De... de verduras? Ya, bueno. Para mí una tapa de jamón de la casa.

Camarero Bien, y de segundo ¿qué van a tomar?

Miguel Isabel, tienes que probar el cordero asado.

Isabel Sí, pero hoy quiero probar el cocido madrileño. ¿Qué lleva el cocido madrileño?

Camarero Lleva garbanzos, col, verduras...

Isabel Ah, muy bien, sí, sí.

Camarero ... chorizo, jamón y morcilla.

Isabel ¡Uy, no, no! ¿No tienen un cocido madrileño vegetariano?

Camarero ¿Vegetariano? Pero ¡señora!

Miguel Isabel ¿eres vegetariana? Oye, lo siento. Perdona, este sitio no es muy apropiado.

[Pista 52]

[ESCENA 2]

Al final Isabel pide unos pimientos rellenos de arroz muy ricos. Mientras comen, Miguel le pregunta qué ha hecho esta mañana.

Miguel Bueno, ¿y qué has hecho esta mañana?

Isabel Pues, esta mañana he paseado con Patricio por Madrid. Primero hemos ido al Jardín Botánico.

Miguel ¡Ah, qué buena idea!

Isabel Y luego hemos ido a la Cuesta de Moyano a comprar libros antiguos.

Miguel Ah, ¿y qué has comprado?

Isabel Uy, un libreto antiguo de una zarzuela. Mira.

Miguel Ah, es que te encanta la zarzuela, ¿no?

Isabel Sí.

Miguel Ajá, ¡qué libreto tan interesante!... Y bueno, y Patricio ¿dónde está?

Isabel Pues, eh, no sé.

Patricio He encontrado unos libros muy interesantes, antiguos, con ilustraciones preciosas.

Isabel Pero Patricio, ¿tú aquí? Uy, y Marisa... tú también... ¿Qué tal? Estupendo. Vamos a tomar el café juntos.

[Pista 53]

[ESCENA 3]

Bueno, pues ahora están los cuatro tomando el café. La conversación es muy animada, y Miguel cuenta cómo conoció a Isabel en Valencia.

Patricio Miguel, y tú eres colombiano, ¿no?

Miguel Sí, soy de Bogotá. Vine a España en el año 1975.

Patricio ¿Viniste a Madrid?

Miguel No. Fui a Valencia y viví en Valencia diez años.

Patricio Y allí conociste a Isabel, ¿no?

Isabel Sí. Bueno, nos conocimos de estudiantes en la universidad. Yo formé un grupo de teatro y Miguel vino al grupo.

Miguel Nos conocimos en el grupo de teatro de la universidad. Nos hicimos novios. Fuimos novios... eh... ¿tres años?

Isabel Sí, unos tres años, pero yo conocí a Jaime. Me casé con Jaime, tuve un hijo, Aitor, y me divorcié.

Miguel Y yo me vine a trabajar de editor a Madrid.

Patricio ¿No te casaste?

Miguel No, no me casé. No encontré la mujer de mis sueños. Bueno, sí la encontré, pero la perdí.

Isabel Uy, perdón... he tirado el café... lo siento muchísimo.

Miguel No pasa nada.

Pista 54

Now you are with a friend in the Casa Santa Cruz restaurant in Madrid. Order your meal and join in the conversation using the prompts.

Ahora está en un restaurante. Pida su comida y participe en la conversación según las indicaciones.

Ejemplo

¿Qué van a tomar de primero?

(Ask for fish soup.)

Para mí una sopa de pescado.

Ahora usted:

– Y ¿de segundo?

– (Ask for hake.)

– Para mí, merluza.

– Y ¿para beber?

– (House wine and water.)

– Vino de la casa y agua.

– Bueno, ¿qué tal? ¿Qué has hecho esta mañana?

– (You have been in la Plaza Mayor.)

– He ido a la Plaza Mayor.

– (And you had a coffee there.)

– Y he tomado un café.

– ¡Qué bien! ¿Y has estado en el Museo del Prado?

– (Yes, you went yesterday.)

– Sí, fui ayer.

– Es una maravilla, ¿verdad? ¿Y el Rastro? ¿Has ido al Mercadillo del Rastro?

– (Yes, you bought an old camera.)

– Sí, compré una cámara antigua.

– Estupendo, hay unos objetos antiguos fantásticos...

Pista 55

IDA Y VUELTA Episodio 5

Here's the final episode of the radio series, *Ida y vuelta*. It's Isabel's and Patricio's last day in Madrid. Miguel has organized a small farewell party in his house.

[Pista 56]

[ESCENA 1]

Miguel ha organizado una fiesta de despedida en su casa para Isabel y Patricio. En la fiesta Miguel habla con Isabel.

Miguel   Bueno, Isabel, y este fin de semana, ¿qué vas a hacer?

Isabel   Pues, voy a estar con Aitor, mi hijo. Y mi madre va a preparar una comida.

Miguel   Ah, ¡qué bien! Tú echas de menos a mucha gente, ¿no?

Isabel   Pues sí, tengo muchas ganas de ver a mi familia, a mis mejores amigos, y a Carmelo.

Miguel   ¿Ca... Carmelo?

Isabel   Sí, Carmelo, mi fiel compañero. Vivimos juntos desde el 96, son muchos años y ...

Miguel   Ah, ya, bien, ajá... Tu compañero.

Isabel   Sí, y este año ha vivido con mi madre...

Miguel   ¡Con tu madre...!

Isabel   Sí, y es un gato muy bueno, tan cariñoso...

Miguel   ¡Ah, un gato! Carmelo es un gato. ¡Ah, ja, ja! Pluto, Carmelo es un gato.

Isabel   Miguel, ¡qué raro estás!

[Pista 57]

[ESCENA 2]

Muy cerca, Patricio está preparando comida para todos y Marisa quiere ayudar.

Marisa   ¡Uy, qué bien!, Patricio. ¿Qué estás preparando?

Patricio   Bueno, nada, es algo muy simple y muy típico de Chile. Estoy preparando unos completos.

Marisa   ¿Completos? ¿Como perritos calientes? ¿Los *hot dogs* americanos?

Patricio   Bueno, sí, pero este es la versión chilena, ¿eh? El completo chileno.

Marisa   ¿Cuáles son los ingredientes?

Patricio   Mira... pan... salchicha vienesa, tomate, repollo, palta...

Marisa   ¿Palta?

Patricio   Palta es aguacate en Chile.

Marisa   Ah, bueno. ¿Puedo ayudarte a preparar los completos?

Patricio   Sí, claro. Toma un pan caliente.

Marisa   ¿Este?

Patricio   Sí. Bien. Ahora mete una salchicha ya cocinada.

Marisa   Oye, Isabel es vegetariana. ¿Tienes salchichas vegetarianas?

Patricio   Sí, aquí hay unas salchichas de champiñón para Isabel. Bien. Eh, ahora corta unos tomates, pon el tomate, eso, repollo, el aguacate, un poco de mostaza y mayonesa ¡y listo!

Marisa   Así, ¿así está bien? ¿Esto es un perfecto?

Patricio   No, no es un "perfecto". Se llama un "completo". Y este es un completo perfecto y vegetariano para Isabel.

[Pista 58]

[ESCENA 3]

Isabel tiene una voz muy bonita, y va a cantar una canción tradicional del sur de España. Después de la canción, nuestros amigos brindan con cava.

Isabel
> Con el vito, vito, vito,
> con el vito, vito, va.
> Con el vito, vito, vito,
> con el vito, vito, va.

> Una malagueña fue
> a Sevilla a ver los toros.
> Y en la mitad del camino
> la cautivaron los moros.

> Con el vito, etc....

> Yo no quiero que me mires,
> que me vas a enamorar.
> No me mires a la cara,
> que me pongo colorada.

> Con el vito, etc....

Miguel   ¡Qué canción tan bonita, Isabel! Bueno, pues ahora propongo un brindis. A ver, ¿tienen sus copas listas?

Todos   Sí, sí, vamos a brindar.

Miguel   Bien, pues, ¡por el libro de Isabel y Patricio!

Todos   ¡Por el libro!

Marisa   Ahora, yo quiero brindar por los *Viajes de ida y vuelta*.

Todos   ¡Por los *Viajes de ida y vuelta*!

Pluto   Guau, guau.

Isabel   Sí, sí, y por Pluto. A ver. Levantad la copa por Pluto, y todos juntos...

Todos   Arriba, abajo, al centro y pa' [para] dentro.

[More lyrics from the CD6 title music, *Solongo*.]

> África, África mi hermano,
> Ya, ya vengo yo,
> África, África mi hermano,
> Ya, ya vengo yo,
> Atravesando pueblo y fronteras
> Hoy como ayer de nuevo,
> Vuelvo a escuchar...

(*Música*.)

(Este es el final del Compacto de actividades 6.)

Apuntes gramaticales

A grammar summary of Books 4, 5 and 6

This is a not a comprehensive summary; it contains the main grammar points covered.

Adjectives

Possessive adjectives

Singular		Plural	
mi		mis	
tu		tus	
su		sus	
nuestro	nuestra	nuestros	nuestras
vuestro	vuestra	vuestros	vuestras
su		sus	

Pronouns

Direct object pronouns (3rd person)

Singular	Plural
lo (el bolso), (el niño)	los (los libros), (los niños)
la (la cafetera), (la niña)	las (las gafas), (las niñas)

Indirect object pronouns

Singular	Plural
me	nos
te	os
le	les

Verbs

PRESENT TENSE
Some radical changing verbs

COCER	REMOVER	VERTER	SOFREÍR	HERVIR
cuezo	remuevo	vierto	sofrío	hiervo
cueces	remueves	viertes	sofríes	hierves
cuece	remueve	vierte	sofríe	hierve
cocemos	removemos	vertemos	sofreímos	hervimos
cocéis	removéis	vertéis	sofreís	hervís
cuecen	remueven	vierten	sofríen	hierven

PRESENT PROGRESSIVE

estoy	
estás	hablando
está	comiendo
estamos	
estáis	escribiendo
están	

PRESENT PARTICIPLE

Infinitive	Participle
habl-**ar**	habl**ando**
com-**er**	com**iendo**
escrib-**ir**	escrib**iendo**

Radical changing verbs

pedir	pidiendo
dormir	durmiendo
reír	riendo

Spelling changes

leer	leyendo
construir	construyendo
caer	cayendo
ir	yendo
oír	oyendo
construir	construyendo
huir	huyendo

PRESENT PERFECT

he	
has	viajado
ha	comido
hemos	
habéis	vivido
han	

PAST PARTICIPLES

Regular

Infinitive	Participle
habl-**ar**	habl**ado**
com-**er**	com**ido**
viv-**ir**	viv**ido**

Irregular

abrir	decir	escribir	hacer	poner	romper	ver	volver
abierto	dicho	escrito	hecho	puesto	roto	visto	vuelto

PRETERITE

Regular forms of the preterite

	HABLAR	COMER	ESCRIBIR
(yo)	hablé	comí	escribí
(tú)	hablaste	comiste	escribiste
(él/ella/Ud.)	habló	comió	escribió
(nosotros)	hablamos	comimos	escribimos
(vosotros)	hablasteis	comisteis	escribisteis
(ellos/ellas/Uds.)	hablaron	comieron	escribieron

Verbs with an irregular preterite form

	dar	ser	ir	ver	hacer	venir	estar	tener
(yo)	di	fui	fui	vi	hice	vine	estuve	tuve
(tu)	diste	fuiste	fuiste	viste	hiciste	viniste	estuviste	tuviste
(él/ella/Ud.)	dio	fue	fue	vio	hizo	vino	estuvo	tuvo
(nosotros)	dimos	fuimos	fuimos	vimos	hicimos	vinimos	estuvimos	tuvimos
(vosotros)	disteis	fuisteis	fuisteis	visteis	hicisteis	vinisteis	estuvisteis	tuvisteis
(ellos/ellas/Uds.)	dieron	fueron	fueron	vieron	hicieron	vinieron	estuvieron	tuvieron

Reflexive verbs

	QUEMARSE	CAERSE	PARTIRSE
(yo)	me quemé	me caí	me partí
(tú)	te quemaste	te caíste	te partiste
(él/ella/Ud.)	se quemó	se cayó	se partió
(nosotros)	nos quemamos	nos caímos	nos partimos
(vosotros)	os quemasteis	os caísteis	os partisteis
(ellos/ellas/Uds.)	se quemaron	se cayeron	se partieron

IMPERATIVE

tú form

Infinitive	Imperative
habl-**ar**	habl**a**
beb-**er**	beb**e**
escrib-**ir**	escrib**e**

Radical changing verbs:

Infinitive	Imperative
c**e**rrar	c**ie**rra
m**o**ver	m**ue**ve

Irregular forms:

Infinitive	Imperative
poner	pon
venir	ven
hacer	haz
tener	ten
decir	di
ir	ve
ser	sé

vosotros form

Infinitive	Imperative
habl-**ar**	habl**ad**
beb-**er**	beb**ed**
escrib-**ir**	escrib**id**

usted/ustedes form

These imperative forms are based on the first person singular of the present tense, e.g. habl**o** → habl**e.**

Infinitive	usted	ustedes
habl-**ar**	habl**e**	habl**en**
com-**er**	com**a**	com**an**
escrib-**ir**	escrib**a**	escrib**an**

Radical changing verbs:

Infinitive	usted	ustedes
pensar	pien**se**	pien**sen**
mover	muev**a**	muev**an**
d**o**rmir	duerm**a**	duerm**an**

Irregular verbs:

Infinitive	usted	ustedes
poner	pong**a**	pong**an**
hacer	hag**a**	hag**an**
ir	vaya	vayan
ser	sea	sean

Spelling-changing verbs:

Infinitive	usted	ustedes
sa**c**ar	saqu**e**	saqu**en**
llegar	llegu**e**	llegu**en**

THE FUTURE TENSE

The future tense endings (-é, -ás, -á, -emos, -éis, -án) are added to the infinitive.

CANTAR		COMER		VIVIR	
cantar**é**	cantar**emos**	comer**é**	comer**emos**	vivir**é**	vivir**emos**
cantar**ás**	cantar**éis**	comer**ás**	comer**éis**	vivir**ás**	vivir**éis**
cantar**á**	cantar**án**	comer**á**	comer**án**	vivir**á**	vivir**án**

Some verbs change their stem but still use the same future endings.

DECIR	dir-	
HACER	har-	
PODER	podr-	-é
PONER	pondr-	-ás -á
SABER	sabr-	-emos
SALIR	saldr-	-éis -án
TENER	tendr-	
VENIR	vendr-	

Here are the same future forms in full:

DECIR	dir**é**	dir**ás**	dir**á**	dir**emos**	dir**éis**	dir**án**
HACER	har**é**	har**ás**	har**á**	har**emos**	har**éis**	har**án**
PODER	podr**é**	podr**ás**	podr**á**	podr**emos**	podr**éis**	podr**án**
PONER	pondr**é**	pondr**ás**	pondr**á**	pondr**emos**	pondr**éis**	pondr**án**
SABER	sabr**é**	sabr**ás**	sabr**á**	sabr**emos**	sabr**éis**	sabr**án**
SALIR	saldr**é**	saldr**ás**	saldr**á**	saldr**emos**	saldr**éis**	saldr**án**
TENER	tendr**é**	tendr**ás**	tendr**á**	tendr**emos**	tendr**éis**	tendr**án**
VENIR	vendr**é**	vendr**ás**	vendr**á**	vendr**emos**	vendr**éis**	vendr**án**

Acknowledgements

Grateful acknowledgement is made to the following sources for permission to reproduce material within this book:

Photographs

Pages 5 and 14 (*right*): Courtesy of Sander & Parissa; *page 8*: Gabriele Basilico, University of Valencia; *page 14* (*bottom left*) and *20*: Courtesy of Ian Northcote; *page 25 (i):* © Getty Images; *(ii) and (iii):* Courtesy of Henar Tortajada; *pages 28 (left and right), 29, 30* and *35* (*right*): Courtesy of Ali Wyllie; *page 28* (*centre*): Courtesy of Michael Britton; *page 34* (*top, middle and bottom*): Courtesy of Íñigo Iturri; *page 35* (*left*): Gabriela Larson Briceño; *page 55*: © Museo Nacional Museum de Bellas Artes, Chile; *page 57*: Courtesy of Cristina Ros i Solé; *pages 71, 75* (*top and bottom right*), *79, 89, 98, 99, 100, 102* and *105* (*top right*): © Courtesy of Turespaña; *page 74*: The Westin Palace Hotel, Madrid; *pages 88* (*left*) *and 89* (*right*), *96* and *105* (*left*): Courtesy of Tita Beaven; *page 88* (*right*): © Iberimage; *page 93*: Courtesy of María Iturri; *page 94* (*right*): © Jim Steinhart of www.PlanetWare.com; *page 97*: © BBC; *page 103* (*left*): Courtesy of Joaquín Cortés; (*right*): Courtesy of Henar Tortajada; *page 108*: Norberto Seebach, Courtesy of Corporación de Promoción Turística de Chile, Santiago de Chile, from CD *Chile en imágenes*, also www.visitchile.org; *page 111*: Courtesy of Henar Tortajada.

Text

Page 125: Song, *María Isabel*, composed by José and Luis Moreno.

Cartoons

Pages 16, 17, 52, 90, 91 and *107* by Roger Zanni.

Cover photo: © Pablo Corral V/CORBIS, doorway of the Catedral de la Inmaculada, known as la Nueva Catedral, in Cuenca, Ecuador, built between 1885 and 1967.

Every effort has been made to trace all copyright owners, but if any have been inadvertently overlooked, the publishers will be pleased to make the necessary arrangements at the first opportunity.

A guide to Spanish instructions

Anote	*Note down*
Busque	*Look for, find*
Compruebe	*Check*
Conteste (las preguntas)	*Answer (the questions)*
Corrija los errores	*Correct the mistakes*
Dé (consejos / su opinión)	*Give (advice / your opinion)*
Diga (si está de acuerdo)	*Say (if you agree)*
Elija (la opción correcta)	*Choose (the correct option)*
Encuentre (las respuestas)	*Find (the answers / replies)*
Enlace	*Match up*
Escoja (la palabra adecuada)	*Choose (the right word)*
Escriba (frases)	*Write (sentences)*
Escuche de nuevo / otra vez	*Listen again*
Explique	*Explain*
Grábese en su cinta	*Record yourself*
Lea	*Read*
Mire (los dibujos)	*Look at (the drawings)*
Observe	*Look (closely) at*
Ordene los diálogos	*Put the dialogues in order*
Participe	*Take part*
Pida permiso	*Ask (for) permission*
Ponga	*Put*
Pregunte	*Ask*
Rellene los espacios	*Fill in the gaps*
Subraye	*Underline*
Tache	*Cross out / Cross off*
Termine las siguientes frases	*Finish the following sentences*
Traduzca	*Translate*
Utilice	*Use*
¿Verdadero o falso?	*True or false?*